Mulheres têm a força

MULHERES TÊM A FORÇA

Como se empoderar, turbinar sua autoconfiança e viver melhor

TIFFANY REESE

Ilustrações de Jacky Sheridan

Tradução de Lavínia Fávero

TÍTULO ORIGINAL *Strong Women Rising*
© 2020 Callisto Media, Inc.
All rights reserved. First published in English by Rockridge Press, an imprint of Callisto Media, Inc.
© 2021 VR Editora S.A.

DIRETOR EDITORIAL Marco Garcia
EDIÇÃO Thaíse Costa Macêdo
PREPARAÇÃO Malu Rangel
REVISÃO Natália Chagas Máximo
DIAGRAMAÇÃO Carla Freire e Pamella Destefi
ADAPTAÇÃO DE CAPA Carla Freire
DESENHO DE LETTERINGS Monique Sena
PROJETO GRÁFICO Tricia Jang
ILUSTRAÇÕES ORIGINAIS © 2020 Jacky Sheridan

Dados Internacionais de Catalogação na Publicação (CIP)
(Câmara Brasileira do Livro, SP, Brasil)

Reese, Tiffany
  Mulheres têm a força: Como se empoderar, turbinar sua autoconfiança e viver melhor / Tiffany Reese; ilustração Jacky Sheridan; tradução Lavínia Fávero. – 1. ed. – Cotia, SP: VR Editora, 2021.

  Título original: Strong Women Rising
  ISBN 978-65-86070-35-4

  1. Autoajuda 2. Autoconfiança 3. Autoestima 4. Mulheres I. Sheridan, Jacky. II. Título.

21-53907   CDD-158.1

Índices para catálogo sistemático:
1. Autoajuda: Autoconhecimento: Psicologia aplicada 158.1
Aline Graziele Benitez – Bibliotecária – CRB-1/3129

Aviso ao leitor: os conselhos e estratégias contidos nesta obra podem não ser adequados para todas as situações. Se for necessária assistência profissional, os serviços de um profissional competente deve ser procurado. O fato de um indivíduo, organização ou site ser referido neste trabalho como uma citação e/ou potencial fonte de informações adicionais não significa que o autor ou a editora endossam as informações que o indivíduo, organização ou site possam vir a fornecer. Os websites citados nesta obra são de propriedade dos respectivos donos. Se optar por acessá-los ou obter serviços através deles, é de sua responsabilidade. Recomendamos que sempre verifique os termos de uso, política de privacidade e quaisquer outras regras referidas no website antes de utilizá-lo.

Todos os direitos desta edição reservados à
VR EDITORA S.A.
Via das Magnólias, 327 – Sala 01 | Jardim Colibri
CEP 06713-270 | Cotia | SP
Tel.| Fax: (+55 11) 4702-9148
vreditoras.com.br | editoras@vreditoras.com.br

SUA OPINIÃO É MUITO IMPORTANTE
Mande um e-mail para **opiniao@vreditoras.com.br** com o título deste livro no campo "Assunto".

1ª edição, fev. 2021
FONTES ITC Bookman Std, Nexa e Sentinel
PAPEL OffSet 90g
IMPRESSÃO Gráfica Santa Marta
LOTE GSM291220

Michael

Obrigada por me ajudar a me tornar a mulher empoderada que sou hoje. Serei eternamente grata pelo apoio que você me deu sem cobrar nada e pelos sacrifícios que fez para me ajudar a ir atrás das minhas paixões.

Jude, Ruby e Ozzy

Vocês são tudo para mim, e o seu amor me incentiva a ser uma pessoa melhor a cada dia.

TOME POSSE DO SEU PODER

Sumário

PARTE I:
Por que você acha que sabe o que acha que sabe (e por que quase tudo isso está errado) 8

1. Reprograme seus pensamentos e delete a negatividade (e, provavelmente, seu histórico de navegação na internet também) **11**
2. Desapegue desse ego **23**
3. Você só precisa de amor (próprio) **31**
4. O que os outros pensam de você não é da sua conta! **47**

PARTE II:
Como se apaixonar loucamente por você mesma 54

5. Tenha fé em alguma coisa e fique zen! **57**
6. Seja sua alma gêmea **67**
7. Encontre um propósito **81**
8. Presenteie-se com a autocompaixão (e com umas flores, quem sabe) **89**
9. O seu cérebro é mentiroso **99**
10. Procrastinação é a perfeição em pele de cordeiro **107**
11. Este é o sinal que você estava esperando **117**

PARTE III:
Anda logo com essa merda! 124

12. Assuma o compromisso de fracassar mais cedo **127**
13. Dinheiro é uma ferramenta, não uma identidade **141**
14. Uma ação vale mais do que mil palavras **149**
15. E agora, o quanto você se ama? **157**

GLOSSÁRIO 167
CONHEÇA TAMBÉM 174
REFERÊNCIAS 175
ÍNDICE REMISSIVO 178
AGRADECIMENTOS 180

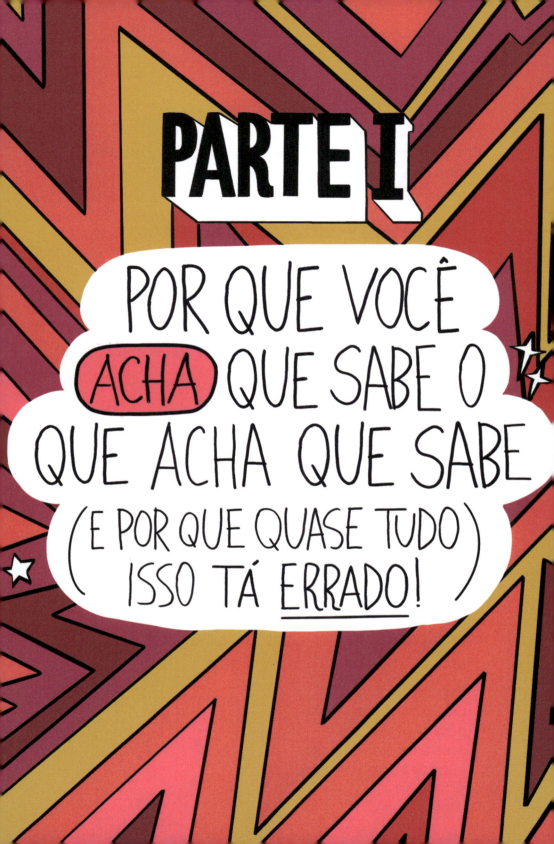

Quando a gente está com dificuldade para equilibrar trabalho, boletos, relacionamentos e corresponder às expectativas ridiculamente altas da sociedade (e, vamos ser sinceras, às nossas próprias expectativas), tem hora em que parece que o mundo está contra nós. Chegar viva até sexta-feira já é uma luta. Como dá para ir atrás dos nossos sonhos se estamos atoladas na rotina, achando que os obstáculos que temos pela frente são intransponíveis? Vamos falar disso. Tipo, 180 páginas disso. Pulando o textão: se você está querendo dar um chega para lá nas desculpas e nas dúvidas, este livro é pra você.

Se já está suando frio de nervoso, lembre-se do seguinte: continuar onde está DÓI MAIS do que se esforçar para chegar aonde você quer. Sim, vai dar muito trabalho. Sim, você vai ter que sair da sua zona de conforto. E, sim, é provável que tenha que pedir ajuda para alguém. Que nojo, sei muito bem. Mas, por mais que seus objetivos pareçam difíceis na teoria, você consegue na prática.

Primeiro, vamos nos aprofundar nas coisas que impedem a gente de desenvolver todo o nosso potencial. Todo mundo precisa se livrar de umas merdas. Dúvidas a respeito de si mesma, vergonha, negatividade: isso pesa. Está na hora de se livrar desses cuzões que se empoleiraram nos seus ombros e ir à luta.

Você é valiosa, incrível, inspiradora e capaz. A gente vai te convencer de que você é demais (mesmo que você não queira). Reconhecer os seus pontos fortes e dons é tão importante quanto apontar quais são as suas limitações. Depois de reconhecer as nossas barreiras e vantagens, vamos nos aprofundar em estabelecer objetivos, desenvolver um plano de ação e ir atrás das nossas paixões, com um propósito.

Com a ajuda de dicas concretas, fáceis de pôr em prática, vamos parar de pensar demais e começar a mandar ver. Pegue um café e um lápis: a coisa vai ser produtiva pra caramba.

CAPÍTULO

Reprograme seus pensamentos e delete a negatividade

(e, provavelmente, o seu histórico de navegação na internet também)

> "Se você mesmo não controlar seu inconsciente, alguém vai controlar por você."
>
> *Florence Scovel Shinn, artista e escritora*

> **Consciente** (*adjetivo*) Coisas que pensamos neste exato momento. A parte do nosso cérebro que usamos no agora – com ajuda dos nossos parças, os cinco sentidos
>
> **Inconsciente** (*adjetivo*) *Hard drive* do nosso cérebro. Onde armazenamos todas as nossas lembranças e mais um monte de merda

Sigmund Freud, neurologista austríaco, fundador da psicanálise e cabeção, criou a teoria psicanalítica da personalidade. Ou seja: o conceito de que a mente consciente consiste em tudo o que reside na nossa percepção racional, ao passo que a mente inconsciente compreende coisas que podemos não perceber racionalmente, mas que podem vir à tona no consciente quando necessário. Tipo quando toca "*Wannabe*" das Spice Girls, e a gente lembra de cada um dos malditos *zigga-zih-ah*.

Gosto de pensar no inconsciente como o HD do nosso cérebro. Esse *drive* de *backup* armazena todo o nosso conhecimento e todas as nossas experiências, o bom, o mau e o feio pra caramba, no melhor estilo *Três homens em conflito*. Freud acreditava que as nossas memórias armazenadas (inconscientes) influenciam a nossa percepção atual (consciente). A nossa "programação" influencia as decisões que tomamos hoje. E isso pode contaminar a nossa autoconfiança e a crença no que somos capazes de realizar.

Por exemplo: se, quando você era criança, sua mãe sempre dizia que matemática é coisa de menino e que você só não era boa nessa matéria por ser menina, você pode ter confiado nela, acreditado nessa ideia e evitado qualquer atividade que envolvesse matemática. Até que, um dia, você se dá conta de que talvez possa gostar de matemática, só que simplesmente nunca experimentou. O nosso inconsciente, às vezes, pode nos impedir de viver a #VidaPlena. A mente humana é muito suscetível, e presumimos que as nossas experiências, os nossos sucessos e fracassos passados vão ditar automaticamente o resultado dos nossos esforços futuros.

O nosso inconsciente também armazena um monte de informações úteis, necessárias para alcançar os nossos objetivos. É essa parte da sua mente que você vai acessar quando for correr atrás das suas paixões.

• Reprograme seus pensamentos e delete a negatividade •

Que merda é a realidade, afinal de contas?

*Pensar em algo não o torna real.
Querer algo não o torna real.*
Michelle Hodkin, escritora

> **Realidade** (*substantivo*) Estado ou qualidade de ser real, *hashtag* autêntico. Fatos. Boletos. As merdas que realmente acontecem
>
> **Ponto cego** (*substantivo*) Termo do jargão da administração de empresas que designa algo que é uma fraqueza porque não enxergamos ou temos dificuldade para entender

Começamos a construir a nossa realidade no instante em que saímos do útero. Como, quando e onde fomos criados influencia o *porquê* por trás daquilo em que acreditamos. Quando eu era pequena, me disseram que ser bonita fisicamente era o propósito básico de toda mulher na face da Terra. Para ter valor, você precisa ser "gata".

Nunca me encaixei nos padrões de beleza física que os meus pais tinham para mim e era uma decepção e uma vergonha constante para eles. Quando alguém fazia um elogio à minha aparência, a minha mãe me dizia que essa pessoa só tinha dito isso por pena. Os meus colegas de escola não eram muito melhores. Os cuzões em miniatura achavam que eu era um alvo fácil, por ser gorda. O meu maior pavor era ter que sair para comprar roupas com a minha mãe. Tudo isso incutiu em mim um ódio por mim mesma desde quando eu era bem nova. Eu tinha 8 anos quando pensei em me matar pela primeira vez.

À medida que fui ficando mais velha, fui me dando conta de que os meus pais eram completos idiotas. Muito do comportamento deles era fruto da sua própria programação negativa. E fiquei sabendo que os dois tinham problemas de saúde mental que só pioravam a situação. Saí de casa aos 17 anos e comecei a tentar me distanciar daquela fossa de abuso emocional que era o lugar onde eu vivia.

À medida que comecei a escrever minha própria história e a ganhar experiência de vida, comecei a entender que precisava começar a reprogramar a percepção que eu tinha de mim mesma, me livrar dos meus pontos cegos. Para conseguir melhorar e encontrar a minha própria felicidade, precisava deixar para trás a realidade onde meus pais viviam e criar a minha própria. Aprendi que posso ter valor além do fato de ficar ou não bem de biquíni. Que tinha gente que gostava de mim de verdade, e que eu sabia uma ou duas coisinhas.

Ao cursar a faculdade sem apoio de ninguém, trabalhei como vendedora de algumas marcas de maquiagem na loja de departamento chique Macy's. Trabalhei com uma mulher hilária, chamada Janet, que era trinta anos mais velha do que eu, mas me fazia dar risada como se fosse uma amiga da minha idade. Uma colega estava contando para mim e para ela que se sentia péssima quando olhava no espelho. A Janet falou: "Ah, eu tenho o problema contrário. Olho no espelho e penso: 'Nossa, como eu tô LIIIIINDA!' Provavelmente, muito mais do que deveria". Esse comentário me fez dar risada. Mas, mais do que isso: me fez perceber que, em segredo, eu era igual à Janet. Sempre gostei do que via no espelho, mas tinha a sensação de que não podia nem devia gostar. Escondi o amor que sentia pelo meu próprio corpo e a minha autoconfiança para que os outros se sentissem à vontade. Só que não sou um sofá nem uma calça de moletom: não sou obrigada a fazer as pessoas se sentirem mais à vontade. Muito menos se isso implicar eu deixar de ser quem realmente sou.

Quando percebi que estava tentando corresponder aos padrões dos outros em vez de pensar em como *eu* me sentia a respeito do meu corpo, fui capaz de começar a deletar a programação negativa que estava consumindo a memória do meu HD inconsciente. Dez anos depois, trabalho como produtora de moda focada em imagem corporal positiva, ajudando outras mulheres a superar os desafios com sua própria imagem corporal. Já produzi e apresentei vídeos que superviralizaram e chamaram a atenção de uma empresa que está na lista das 500 mais da revista *Forbes*, e logo fui chamada para fazer parte da equipe corporativa e ajudei a moldar a abordagem dessa empresa para roupas *plus size*. Por que estou contando isso? Fodam-se os *haters*.

Por que a gente acha que sabe o que acha que sabe

A autoconfiança pode parecer uma mercadoria escassa, porque é muito comum fazerem a gente acreditar que, para ser digna de alguma coisa, tem que "fazer por merecer". Antes de podermos amar quem somos, temos que encontrar um monte de outras pessoas "de valor" que confirmem isso. A sociedade nos convence de que só ficamos um pouquinho mais inteligentes, mais magras e bem-sucedidas, até que um dia conseguirmos confiar e aceitar quem somos de verdade.

Como você pode chegar aonde quer, se VOCÊ não acredita em VOCÊ? Todas nós temos um tanto de "programação negativa" que precisamos remover do nosso HD inconsciente. É comum a gente se limitar usando autopercepções, rótulos e ideais negativos.

Você é o que você pensa

Se entendêssemos o poder de nossos pensamentos, prestaríamos mais atenção a eles. Se entendêssemos o incrível poder de nossas palavras, íamos preferir o silêncio a quase tudo o que é negativo. Com nossos pensamentos e nossas palavras, criamos nossas próprias fraquezas e nossas próprias forças. Nossas limitações e alegrias começam no nosso coração. Sempre é possível substituir o negativo pelo positivo.
Betty Eadie, escritora

As palavras não têm o poder de mudar nossa realidade, mas podem mudar o jeito como nós a percebemos. A linguagem que escolhemos usar cria filtros através dos quais vemos nós mesmas, os obstáculos e as oportunidades. Quando escolhemos usar palavras repletas de positividade e gratidão e não de negatividade, podemos reprogramar o modo como nos enxergamos.

VOCÊ NÃO É UMA IMPOSTORA, ESSA SUA SÍNDROME DE IMPOSTORA É QUE É UMA IMPOSTORA

Espera aí, o quê é síndrome do impostor mesmo?

No seu artigo "O fenômeno do impostor", publicado no *Jornal Internacional de Ciências Comportamentais*, a professora-doutora Jaruwan Sakulku, psicóloga clínica, escreveu: "Indivíduos com o fenômeno do impostor [também chamado de 'síndrome do impostor'] experimentam um profundo sentimento de que suas conquistas não são merecidas e têm medo de que, provavelmente, serão desmascarados e tachados de fraude".

Apesar de a síndrome do impostor não estar entre os diagnósticos elencados no *Manual diagnóstico e estatístico de transtornos mentais* da Associação Americana de Psiquiatria, alguns psicólogos reconhecem, sim, que essa é uma forma muito verdadeira e específica de dúvida intelectual a respeito de si mesmo. De acordo com a Associação Americana de Psicologia, a síndrome do impostor frequentemente induz a ansiedade e, em alguns casos, causa depressão.

Quem sofre disso?

De acordo com o artigo da Jaruwan Sakulku, estima-se que 70% das pessoas terão pelo menos um episódio de fenômeno do impostor durante a vida. Qualquer um pode se ver como um impostor se não conseguir internalizar seu próprio sucesso.

Essa experiência não é exclusividade das pessoas altamente bem-sucedidas. Outras pesquisas nessa área estudaram o fenômeno do impostor como um traço de personalidade ou disposição.

Como você pode combater isso?

Os pesquisadores identificaram diversos fatores que contribuem para o impostorismo, incluindo o perfeccionismo (lá vem esse papo de novo) e o ambiente familiar (nosso HD inconsciente). A maioria das pessoas que sofrem de síndrome do impostor consegue, apesar dela, cumprir com suas obrigações acadêmicas e de trabalho, mesmo achando que são uma fraude.

Então como você pode combater a sensação de que o seu sucesso é fraudulento ou só uma questão de sorte? Lembre-se do seguinte:

VOCÊ NÃO É A ÚNICA. Muitas pessoas bem-sucedidas já se sentiram assim. Serena Williams, Tina Fey e Maya Angelou são mulheres que admiro e que declararam publicamente já terem sofrido da síndrome do impostor. Gosto de lembrar que até minhas heroínas podem se sentir assim, mesmo com seu abundante sucesso.

VOCÊ NÃO É UMA FRAUDE. Olhe para os fatos. Quando começar a duvidar de si mesma, pare e pense no que você já conquistou.

ANTES DE SER BOA, A GENTE TEM QUE SER RUIM. Acostume-se ao papel de estudante se quer ser professora. Ajuste suas expectativas caso elas não incluam cair e levantar depois. É assim que a gente cresce.

Pratique a escrita positiva

Para mudar o jeito que pensamos e falamos sobre nós mesmas, temos que... mudar o jeito que pensamos e falamos sobre nós mesmas. Nas próximas 24 horas, eu te incentivo a observar as suas escolhas de linguagem e também as escolhas de linguagem das pessoas à sua volta. Quando você se pegar sendo negativa ou ingrata, simplesmente pratique a positividade reformulando suas frases de um jeito produtivo.

EXEMPLOS

- Em vez de dizer "Eu sou tão bagunceira", experimente falar "Estou tentando ser menos bagunceira". A primeira implica derrota, e a segunda, permite o crescimento.
- Troque o "Tenho que ir trabalhar" por "Posso ir trabalhar". Porque, oi, ter emprego é uma benção.
- Substitua "Odeio meus braços" por "Prefiro mostrar minhas pernas". Insultar seu corpo não muda sua aparência, mas afeta o modo como você se vê.

> **Autoconfiança** (*substantivo*) Acreditar totalmente em nós mesmas e em nossas habilidades. Aceitar nossa natureza humana imperfeita e nos amar mesmo assim
>
> **Ego** (*substantivo*) Autoestima ou arrogância. O nível de importância que damos a nós mesmas
>
> **Egotista** (*adjetivo*) Convencido, pretensioso, autocentrado, irritante pra caramba

Mesmo considerando apenas a definição, quando se trata do ego, a linha que separa a autoestima da arrogância é tênue. Ter autoconfiança é fundamental para conquistar coisas fora de nossa zona de conforto. Só que a falta de autoconsciência pode criar pontos cegos na nossa vida.

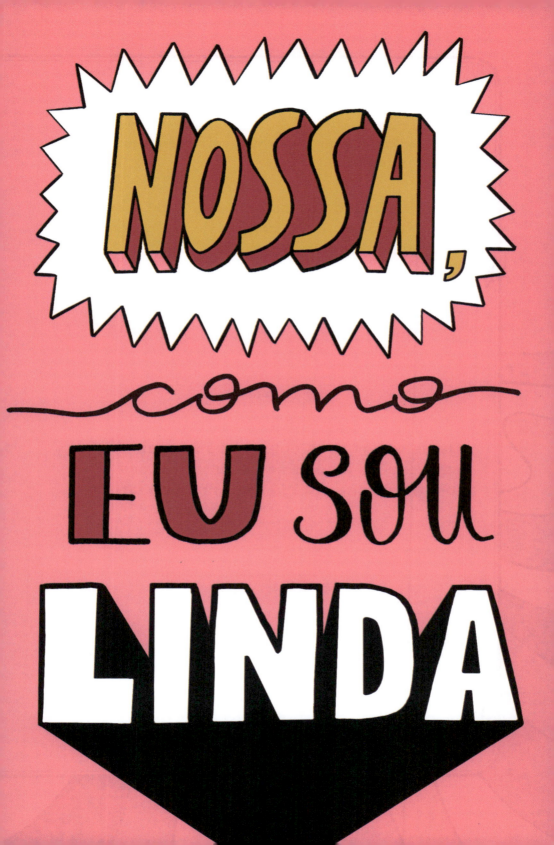

DESFODA ESSA SUA CABEÇA

Vamos parar para refletir sobre as coisas que você pensa que sabe a respeito de si mesma.

Você já pensou que não era capaz de fazer algo por causa da percepção de alguém ou da sociedade a seu respeito?

_____
_____
_____
_____
_____

Quais são os fatos em relação às suas capacidades e quais são as informações incorretas que você já aceitou como fatos?

_____
_____
_____
_____
_____
_____
_____
_____

Quais são os ingredientes que fazem de você uma pessoa forte?

_____
_____
_____
_____
_____
_____
_____

Você se vê como uma pessoa forte? Por que sim ou por que não?

_____
_____
_____
_____
_____
_____
_____

Dê um exemplo de linguagem negativa que você se compromete em eliminar da sua vida:

_____
_____
_____
_____

Desapegue desse ego

> "O ego nos maltrata da seguinte maneira: a gente se torna obcecado pela única pessoa que não nos ama. E fica cego para todas as outras que amam."
>
> *Warsan Shire, escritora*

Mulheres têm a força

A autoconfiança é essencial para alcançar o sucesso. Mas, quando temos um conceito exagerado de nosso próprio valor ou da nossa importância, o ego nos limita. O ego se importa com o que os outros pensam da gente porque procura confirmação nos outros e não em nós mesmas. O ego só quer saber de perfeição, ao passo que a autoconfiança aceita que não somos perfeitas mas, mesmo assim, podemos ser amadas.

Seja trabalhada na humildade

O Michael, meu marido, é chefe de cozinha. Formou-se entre os primeiros da turma no instituto Le Cordon Bleu e, sendo sua esposa completamente isenta, posso te dizer com toda a certeza que ele é o melhor cozinheiro do universo. Quando era chefe executivo (um nome chique para "dono do pedaço"), era comum o Michael ter que entrevistar candidatos a emprego. Uma das perguntas que fazia aos candidatos a *souschef* era se eles tinham algum problema com lavar pratos. Todos respondiam que não, porque, né?, *dãr*. Até que um dia o meu marido entrevistou um cara recém-formado em gastronomia que respondeu: "Fiz faculdade de gastronomia. Não vou lavar prato".

O Michael explicou que a cozinha é um trabalho de equipe e que, de vez em quando, até ele tinha que arregaçar as mangas e lavar prato, se fosse preciso. Aquele entrevistado não tinha nenhuma experiência profissional, mas o seu ego impediu que ele tivesse autoconsciência para ver enxergar que estava se colocando acima dos clientes e das possíveis necessidades de seus colegas de trabalho. Não foi contratado.

O que o cara não sabia é que o meu marido começou na carreira como *souschef*. O lindo ralou muito e foi promovido a chefe executivo por causa de seu comprometimento, poucos meses depois de ter sido contratado (coisa bem rara, na real).

O meu marido chegou aonde chegou trabalhando muito e fazendo tudo o que fosse necessário em todos os cargos que teve. Isso o ajudou galgar uma posição de mais destaque na cozinha e um salário maior em cada nova oportunidade. À medida que a gente sobe na hierarquia, ganha confiança em habilidades diferentes, que só pode aprender na prática. Isso vai fortalecendo cada vez mais nossa autoconfiança. Só porque você acha que é boa demais para lavar prato não significa que você realmente seja.

O seu ego pode até te impedir de lavar prato, mas também pode te impedir de conseguir o emprego.

Sinta-se bem sendo ruim naquilo que você pretende ser boa

Para ter coragem, é preciso estar disposta a abrir mão do nosso perfeccionismo, nem que seja só por um instante. Se o meu próprio valor está condicionado a não ter falha nenhuma, porque eu sequer tentaria aprender algo novo? Afinal de contas, aprender implica errar.
Vironika Tugaleva, escritora

> **Perfeccionismo** (*substantivo*) Luta egotística para tentar convencer os outros e a nós mesmas que somos dignas de sermos aceitas e amadas: uma meta inatingível

O perfeccionismo é o lado menina malvada do seu ego, bem falsiane. Você pode até apelidá-la de Regina George. Ou de Heather. Essa falsiane não para de falar que, para alguém gostar de você, você precisa ser perfeita. Só que perfeição é uma coisa que nem existe.
O que é perfeito para alguém pode ser horrível para outra pessoa – é tão subjetivo quanto uma obra de arte.

A gente pode ficar tão bitolada querendo que nos achem "perfeitas" que evita de tentar coisas novas só para não ficar decepcionada ou sentir que não é tão boa assim. O problema é que, para sermos ótimas na maioria das coisas, primeiro precisamos ser péssimas. Não deixe o perfeccionismo consumir o seu potencial.

Mulheres têm a força

Pare de ter vergonha de ser humana

A vergonha corrói justamente aquele nosso lado que acredita que somos capazes de mudar.
Brené Brown, escritora e pesquisadora da vergonha

> **Vergonha** (*substantivo*) Humilhação e/ou ansiedade e/ou tristeza que aparece quando temos a sensação de que estamos erradas, somos bobas, imperfeitas etc.

A vergonha é a melhor amiga do perfeccionismo e do ego. Quando essas três bruxas se juntam, cuidado! Elas esperam que a gente seja o oposto de humana: sem defeitos, infalíveis e super falsas. Para sermos ótimas em algo, a gente tem que se sentir muito à vontade para ser "ruim" e para rever nossas expectativas.

Expectativas são a raiz da decepção. Saber que você não será perfeita em algo ajuda a diminuir ansiedades que seu ego possa sentir sobre não estar sempre certa, particularmente se você cresceu em um ambiente que favoreceu aparentar e se comportar do jeito "certo" em detrimento de viver de forma autêntica.

Ter flexibilidade de pensamento e conseguir segurar o julgamento quando olhar para si mesma vai permitir que você não desperdice um tempo e uma energia emocional que poderia investir em se tornar ótima. E, por falar nisso, aquelas brincadeirinhas autodepreciativas também não ajudam em nada.

A gente tem que crescer se quer aparecer

Tornar-se é melhor do que ser.
Carol Dweck, professora de psicologia

> **Mentalidade** (*substantivo*) Atitude com a qual pensamos a respeito de nós mesmas, das outras pessoas e das situações que nos cercam
>
> **Mentalidade fatalista** (*substantivo*) Ter uma visão limitada pra caramba. Ser inflexível. Acreditar que nossas capacidades são características imutáveis e que o "talento natural" ou os acontecimentos do passado, fatalmente, vão ditar o que vai acontecer no nosso futuro
>
> **Mentalidade de crescimento** (*substantivo*) Acreditar que as habilidades de qualquer pessoa podem se desenvolver com comprometimento e muito esforço

Ter uma mentalidade de crescimento é um imperativo para o sucesso, tanto profissional quanto pessoal. Quando pensamos em crescimento, acreditamos que as nossas capacidades podem ser desenvolvidas com dedicação e esforço. Isso desmente o mito de que o sucesso vem da sorte e não da persistência. Essa mentalidade permite enxergar até os "fracassos" como oportunidades de crescer. Uma mentalidade fatalista nos faz ficar paradas no mesmo lugar.

Quando resolvi fazer uma série de *podcasts* informativos (que, depois, se tornaram o *Something was wrong*) sobre abuso emocional, sabia que não conseguiria ter a mesma qualidade de áudio ou produção dos *podcasts* famosos, que têm equipes e verbas grandes. Mas cogitar não fazer alguma coisa que – disso eu tinha certeza – poderia ajudar várias pessoas (e a mim mesma) só porque não ficaria perfeito me pareceu mesquinho. Eu me comprometi a deixar minhas ideias falarem mais alto e a assumir uma postura vulnerável em relação à minha arte, mesmo que o resultado não fosse perfeito. Sou grata por não permitir que o perfeccionismo me impedisse de ir atrás de algo que mudou a minha vida e a de outras pessoas. Adotando uma mentalidade de crescimento, continuo me esforçando para melhorar todos os dias – eu apenas fico feliz de saber que estou dando tudo de mim.

Adoro futebol americano. De vez em quando, os comentaristas dizem que certos atletas jogam "com uma pedra no sapato". O que, na verdade, é um elogio. Essa expressão é usada para descrever um jogador que precisou ralar para chegar aonde está. Esses atletas usaram essa energia do "azarão" para chegar ao topo e provar que quem duvidou deles estava redondamente enganado.

Quando a gente assume o compromisso de sempre se esforçar ao máximo, pode dormir tranquila, sabendo que se dedicou 100%. O talento e a "habilidade natural" podem até ser um ótimo começo, mas o verdadeiro sucesso é fruto do esforço incessante.

É assim que eu descreveria meu próprio compromisso com o meu crescimento pessoal. Quando duvido de mim mesma, em vez de deixar a negatividade levar a melhor, eu a uso de combustível para ampliar minha visão. Transformo a dor em paixão.

Para que comparar se você pode compartilhar?

> *A comparação é um ato de violência contra o eu.*
> Iyamla Vanzant, líder espiritual, escritora e palestrante

Estamos todas com sorte: sucesso não é pizza. O fato de uma pessoa ter prosperidade não impede outra de ter a sua própria fatia. A comparação rouba alegria, energia e tempo. Em vez disso, permita que o sucesso das outras pessoas sirva de motivação e inspiração. Concentre-se na sua própria correria com tudo, ao ponto de não ter tempo para ficar com inveja de ninguém. Como você acha que os trolls e os haters têm tanto tempo livre para ficar com a bunda no sofá, só falando merda na internet? Estão tão ocupados criticando os outros que nunca têm tempo de se tornar pessoas melhores.

EXORCISMO DO EGO

Vamos refletir sobre o porquê de o ego e o perfeccionismo não terem lugar na nossa vida.

Pense em uma ocasião em que o seu ego impediu seu progresso pessoal. Como você pode lidar com isso de outra maneira no futuro?

_____
_____
_____

Quando foi que o perfeccionismo e a vergonha te impediram de ir atrás das suas paixões? Como você pretende, em vez de fazer isso, focar sua energia no seu crescimento?

_____
_____
_____

Dê um exemplo de como a mentalidade de crescimento já te ajudou a ter sucesso:

_____
_____
_____

Você só precisa de amor (próprio)

> "Ame a si mesmo primeiro que tudo vai para o lugar. A gente precisa mesmo se amar para conseguir fazer qualquer coisa neste mundo."
>
> Lucille Ball, atriz, comediante e produtora

Autocuidado (*substantivo*) Cuidado que temos com nós mesmas, sem ajuda dos outros. Dar prioridade às nossas necessidades

Autoimagem (*substantivo*) Modo como nos vemos. Ideias que temos a respeito de quem somos

Autodiálogo (*substantivo*) Linguagem que empregamos e maneira que temos de falar com nós mesmas

Nossa autoimagem vem se formando lentamente, por meio das nossas experiências, da nossa cultura, família e do nosso ambiente. Para algumas pessoas, o autodiálogo positivo é uma coisa natural, mas muitas de nós aprendemos a ser ultracríticas em relação a nós mesmas, através das lentes das expectativas da sociedade, dinâmicas familiares complicadas e/ou questões de saúde mental.

Pesquisadores da Associação Americana de Psicologia descobriram que não importa apenas o que você diz para si mesma, mas também a linguagem que emprega quando entra nesse diálogo. A pesquisa indica que, se você tem dificuldade de ser gentil quando fala consigo mesma, fazer esse diálogo na terceira pessoa pode ser uma boa. Usar o autodiálogo na terceira pessoa pode te ajudar a dar um passo para trás e observar as suas próprias emoções, em vez de tomar decisões baseadas na emoção. Também pode ajudar a reduzir o estresse e a ansiedade.

A voz do nosso autodiálogo negativo (vulgo *hater* interior) às vezes fala tão alto que fica difícil ouvir a voz da nossa fã número 1 interior. É fundamental lembrar que faz diferença o jeito como falamos com nós mesmas. Mas existem maneiras de dar um megafone para essa fã e mandar a *hater* se foder.

Felizmente, a autoimagem é algo que podemos melhorar constantemente, é uma coisa dinâmica, que nunca para de evoluir. Uma autoimagem saudável começa com aprender a aceitar e amar incondicionalmente quem somos no momento presente.

Com quem você acha que está falando?

Por mais difícil que seja, aceitar quem você é e saber o que quer é o único caminho garantido para a autoafirmação... Quero que as mulheres saibam que são capazes de sair de qualquer situação se voltarem a olhar para a sua fonte de força fundamental: elas mesmas.
Ashley Graham, modelo e defensora da autoimagem positiva

Se você (também) luta contra o autodiálogo negativo, frases afirmativas são um ótimo modo de lembrar que você é incrível pra caralho. Uma pesquisa feita pelo psicólogo social Claude Steele revelou que repetir frases afirmativas diversas vezes no mesmo dia pode, lentamente, te fazer acreditar nessas palavras. Frases afirmativas ajudam a lembrar quem somos e aonde queremos chegar. Por isso, seja líder de torcida de si mesma.

Gosto de converter o meu autodiálogo negativo em frases afirmativas. Isso me ajuda a focar nas ideias específicas que estou tentando superar. Aqui vão alguns exemplos de como você pode reconhecer os seus sentimentos e transformá-los em frases afirmativas:

- ⚠ **PENSAMENTO NEGATIVO**: Você alcançou o ponto mais alto da sua carreira e deveria simplesmente ficar feliz por ter chegado aonde chegou.

- ♡ **FRASE AFIRMATIVA**: As minhas conquistas são fruto do meu esforço e da minha perspectiva única. Tenho orgulho de mim. A minha jornada está apenas começando.

- ⚠ **PENSAMENTO NEGATIVO**: Não sou nada saudável. Hoje fiz péssimas escolhas.

- ♡ **FRASE AFIRMATIVA**: Estou repleta de pensamentos saudáveis e amorosos que, uma hora, vão se refletir nas minhas experiências de vida. Tenho absoluto controle sobre as minhas escolhas.

Seja uma Ursinha Carinhosa (consigo mesma)

Cuidar de mim mesma não é autoindulgência, é autopreservação, e isso é um ato de luta política.
Audre Lorde, ativista, poeta e ensaísta

O autocuidado é uma parte fundamental do amor-próprio. Quem, como eu, enfrenta questões de saúde mental, costuma ter dificuldade de cuidar até das necessidades mais básicas quando está nadando contra a corrente da depressão ou se afogando na ansiedade. O autocuidado é algo diferente para cada pessoa: perceba algum aspecto que precisa de mais atenção e dê prioridade a ele.

O relacionamento que a gente tem consigo mesma é o relacionamento mais importante da nossa vida. Não é por acaso que, em caso de pane no avião, temos que colocar a nossa máscara de oxigênio antes de ajudar os outros. Não dá para ajudar ninguém se a gente estiver morrendo.

AUTOCUIDADO PODE INCLUIR

- Dar prioridade à higiene diária (escovar os dentes, tomar banho etc.).
- Não ficar enrolando para ir ao médico/terapeuta/dentista.
- Dizer "não" para algo que você não tem tempo nem energia para fazer.
- Encontrar uma pessoa amada.
- Ir dormir cedo.
- Sair para caminhar.
- Arrumar tempo para autorreflexão/escrever no diário/meditação.
- Fazer trabalho voluntário por uma causa do coração.
- Arrumar o quarto.

• Você só precisa de amor (próprio) •

Atenção plena para remediar a desatenção

> *Às vezes, a gente precisa sentar no chão sozinha, em um lugar silencioso, para conseguir ouvir a própria voz e não deixá-la ficar abafada pelo barulho dos outros.*
> Charlotte Eriksson, escritora e compositora

> **Mindfulness** (*substantivo*) Pode ser traduzido como "atenção plena", mas o termo em inglês foi o que pegou mesmo. Estado de consciência que permite viver o presente no momento em que ele ocorre. Focar a atenção no que está acontecendo aqui e agora, na real

Uma das minhas maiores dificuldades para ser produtiva é a de me concentrar na tarefa que tenho que realizar naquele momento. Entre a vida, as redes sociais, a minha família insana de tão barulhenta e a ansiedade, as distrações são muitas. Aprendi que, quando preciso trabalhar, tenho que criar um ambiente apropriado à minha missão, que me permita ter hiperfoco na correria da vez. Para mim, isso significa reservar um tempo em que sei que vou poder ficar completamente focada, sem nenhuma interrupção. Ironicamente, tive dificuldade de terminar de escrever esse livro e reservei, pelo Airbnb, uma cabana no meio do mato, para garantir que não ia dividir minha atenção com mais nada.

Mindfulness não tem nada a ver com difusores de óleos essenciais ou aplicativos de ansiedade. Pode acreditar: sou tudo menos calma. *Mindfulness* é um processo psicológico de concentrar conscientemente a sua atenção no momento presente. É algo que ainda tenho dificuldade para fazer, mas descobri alguns jeitos de garantir o sucesso antes de começar a trabalhar:

Ponha esse celular imbecil para lá! Não, na real. Se você quer ouvir música, ponha esse negócio que só consome o seu tempo no modo avião e vire a tela para baixo. Sim, é tentador entrar no Pinterest neste exato momento e fingir que algum dia vai

Mulheres têm a força

fazer algum daqueles artesanatos ridículos, mas agora NÃO... É... HORA.

Faça uma lista de tarefas para cada jornada de trabalho. Mesmo que você só tenha uma hora, tire um minutinho para fazer uma lista objetiva de tarefas possíveis de realizar, que você pode e vai terminar. Isso não só ajuda a se concentrar no trabalho, mas também a aumentar a autoconfiança e a acreditar em sua capacidade de resolver as merdas. E mais: é divertido riscar as coisas da lista.

Contribua para o seu sucesso. Saiba quem você é. Se perceber que, de vez em quando, tem dificuldade de se lembrar das coisas (idem), programe lembretes no celular, faça um diário do seu progresso e anote reuniões e prazos na agenda.

Na base da tentativa e erro, descubra o que funciona melhor para você, o que te faz sentir o mais focada e comprometida possível.

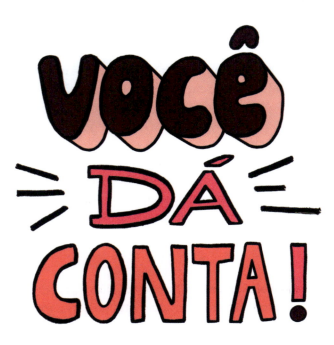

PRÁTICA DE *MINDFULNESS*: ESCANEAMENTO CORPORAL

Uma estratégia de *mindfulness* bem comum é o chamado escaneamento corporal. Essa técnica é utilizada para a gente se conectar com o próprio corpo físico e redirecionar os pensamentos para nós mesmas. O tempo recomendado para essa prática é de 30 minutos. Mas, se isso foi demais, use o tempo que você tiver. Pode deitar ou ficar sentada, se você for dessas que pega no sono fácil. Preparada? É só seguir esse passo a passo bem simples:

Feche os olhos. Se preferir, pode só baixar as pálpebras e ficar com o olho meio aberto.

Respire fundo. Comece se concentrando só em inspirar e expirar. À medida que for respirando, pense que está relaxando cada parte do seu corpo, começando pela cabeça. Caso você se interesse por técnicas específicas de respiração, recomendo a 4-7-8: inspire pelo nariz por 4 segundos, segure o ar por 7 segundos e solte o ar pela boca por 8 segundos.

Sinta. Que sensações você tem? Sente algum formigamento, aperto, alguma pressão, mudança de temperatura ou vibração em algum um lugar do corpo? Talvez você simplesmente não sinta nada – o que também é ótimo. Concentre-se em apenas sentir o que vem naturalmente, sem julgar.

Continue redirecionando seus pensamentos. Se você começar a pensar no que precisa comprar no mercado, não se preocupe. É só lembrar de redirecionar o seu foco para a respiração. Pense que esse exercício é um treino – não algo forçado.

Você conseguiu! Quando tiver escaneado o seu corpo da cabeça até o dedão do pé e explorado as suas sensações, tire alguns minutos para se concentrar no seu corpo como um todo. Sinta o corpo inteiro, respirando naturalmente, sem fazer esforço. Se estiver de olhos fechados, vá abrindo lentamente e processando o ambiente ao seu redor.

Desencane, solte a batata quente, chute ela pra bem longe

Já que temos objetivos importantes para alcançar, não temos mais tempo para autodiálogo negativo, medo do desconhecido nem para as distrações que estão à nossa volta. Não dá para melhorar continuando no ambiente que te faz mal. E, com toda a certeza, não dá para desenvolver todo o seu potencial com negatividade. Junte todo esse papo lixo e toque fogo nele. Aí, faça uma máscara facial com as cinzas, e bora brilhar sem parar.

Observar-se na terceira pessoa ou na perspectiva de alguém de fora pode ser uma técnica muito efetiva para combater o autodiálogo negativo. Treine falar com você mesma do mesmo jeito que falaria com um(a) amigo(a), uma criança, um companheiro ou uma companheira. Pense em como as pessoas que você ama falam com você e o que diriam para te incentivar.

Se, mesmo assim, você continuar na luta contra sua crítica interior (porque é um ser humano, não um robô), entre em contato com uma pessoa querida que já presenciou os altos mais altos e os baixos mais baixos da sua vida. Conte para ela quais são as suas dificuldades, os seus objetivos, e pergunte se essa pessoa tem palavras de incentivo para te oferecer. Não tem nada demais avisar quem te ama que você gostaria de um apoio emocional específico quando sentir necessidade. Afinal de contas, você não faria a mesma coisa por quem você ama? Pessoas fortes têm a inteligência de pedir ajuda.

Deixe o autodiálogo negativo no vácuo

O autodiálogo negativo não desaparece magicamente no dia em que a gente resolve se amar sem medo de ser feliz. É uma jornada contínua de autoaceitação. Combater o autodiálogo negativo é o jeito perfeito de mandar sua crítica interior se foder grandão.

O modo como falamos sobre nós mesmas e com nós mesmas influencia a nossa energia e as nossas vibrações.

Aqui vão alguns exemplos de como a mentalidade de crescimento pode nos ajudar a combater o autodiálogo negativo e a mentalidade fatalista.

- ⚠ **AUTODIÁLOGO NEGATIVO:** "Não acredito que esqueci de declarar o imposto de renda. Como sou idiota. Só faço merda. Por que nunca consigo dar um jeito na droga da minha vida? Foda-se, nem consigo pensar nisso agora."
- ♡ **MENTALIDADE DE CRESCIMENTO**: "Nossa, que cagada. Nas próximas, vou dar prioridade ao imposto de renda e entregar antes do prazo. Aprendi a lição."

- ⚠ **AUTODIÁLOGO NEGATIVO:** "Fiz um *post* sobre o meu *site* novo no *Instagram*, e ninguém curtiu nem comentou. Todo mundo deve me odiar e odiar o meu *site*."
- ♡ **MENTALIDADE DE CRESCIMENTO**: "Se quero que as pessoas vejam o meu *site*, acho que preciso encontrar jeitos mais criativos de postar. Preciso pesquisar o melhor dia da semana para fazer esse tipo de *post* e novos jeitos de criar engajamento."

- ⚠ **AUTODIÁLOGO NEGATIVO**: "Tenho a sensação de que estou sempre sem grana e que nunca vou conseguir pagar todas as contas. Odeio ser adulta."
- ♡ **MENTALIDADE DE CRESCIMENTO**: "Quero descobrir novos jeitos de economizar e criar um orçamento mensal, para não passar mais tanto nervoso com as finanças."

QUEM VOCÊ PENSA QUE É?

Está na hora de refletir e de se elogiar com humildade.

O que as pessoas que você ama pensam de você? Como você se descreveria para alguém desconhecido? O que essas pessoas veem de valioso em você e como te incentivam a ser sensacional?

_____
_____
_____

Descreva-se em três frases:

_____
_____
_____

De onde saíram essas ideias?

_____
_____
_____

Quem a sua melhor amiga pensa que você é?

_____
_____
_____

A PERCEPÇÃO DOS OUTROS É TÃO ARRAIGADA NO INCONSCIENTE QUANTO A SUA

Agora chegou a hora de escrever sobre como você vê sua melhor amiga. Em seguida, pense em como sua *BFF* descreveria a si mesma, tanto em contraste com sua descrição quanto em semelhança (eu super te desafio a convidar sua amiga para fazer esta atividade com você qualquer hora dessas. Vocês duas escrevem como cada uma vê a outra e a si mesmas. Você também pode dar um exemplar deste livro para ela, caso sua amiga escreva umas coisas bem pesadas sobre si mesma).

Como você descreveria sua melhor amiga para alguém desconhecido?

_____
_____
_____

Como sua melhor amiga descreveria a si mesma?

_____
_____
_____

CHECK-UP DE SAÚDE MENTAL

"Precisamos aprender a identificar os sinais de problemas de saúde mental. Precisamos ter coragem de tocar no assunto e ter conversas difíceis com nossos amigos e familiares – e procurar ajuda quando nós mesmos precisarmos."

Michelle Obama, advogada, escritora, produtora e ex-primeira dama dos Estados Unidos

> **Depressão** (*substantivo*) Sensação de vazio que às vezes suga nossa alma e dá a sensação de que estamos mortas por dentro. Sentimentos prolongados de tristeza que dão vontade de não viver, de se isolar na cama e ficar só assistindo TV sem pensar em nada e mandando ver nos biscoitos, sem parar
>
> **Saúde mental** (*substantivo*) 1. Bem-estar psicológico, nossa saúde e força nesse sentido. A qualidade com que encaramos a vida e todas as merdas que acontecem 2. Área da psicologia e da medicina que estuda como lidamos com a vida

Quero fazer uma pausa para falar do quanto é importante cuidar da nossa saúde mental. É um outro jeito de nos cuidarmos lindamente. Às vezes, a depressão não "tem cara" de depressão, à primeira vista. Pode ser meio confuso: a gente está deprimida ou só na *bad*?

Costumamos associar a depressão com se sentir extremamente triste. Estar triste é uma emoção, e a depressão é um problema de saúde (vulgo transtorno de humor).

Como não sou médica nem terapeuta, procuro especialistas para pedir conselhos quando o assunto é saúde mental. A renomada Clínica Mayo afirma que apesar de a depressão clínica poder ocorrer só uma vez na vida, é comum as pessoas terem múltiplos episódios depressivos.

Sintomas de depressão

- Tristeza, vontade de chorar, sensação de vazio ou falta de esperança.
- Ataques de raiva, irritabilidade ou frustração até por pequenas coisas.
- Perda de interesse ou de prazer na maioria ou em todas as atividades corriqueiras, como sexo, *hobbies* ou esportes.
- Distúrbios do sono, incluindo insônia e dormir em excesso.
- Cansaço e falta de energia, ao ponto de até pequenas tarefas parecerem exigir um grande esforço.
- Redução de apetite e perda de peso ou fome excessiva e aumento de peso.
- Ansiedade, agitação ou angústia.
- Lentidão de pensamento, fala ou movimentos.
- Sentir-se inútil, culpada, ficar obcecada com os fracassos do passado ou achar que tudo é culpa sua.
- Dificuldade para pensar, se concentrar, tomar decisões e perda de memória.
- Pensamentos frequentes ou recorrentes envolvendo morte, ideação suicida, tentativas de suicídio ou suicídio em si.
- Problemas físicos sem motivo aparente, como dor nas costas ou dor de cabeça.

(Fonte: Clínica Mayo)

> Se você está pensando em suicídio, preocupada com algum amigo ou ente querido ou gostaria de ter apoio emocional, você pode ligar para o **Centro de Valorização da Vida, no número 188**. Se acredita que está sofrendo de depressão, fale com um médico e procure ajuda.

Ao longo do último ano, pesquisando para o meu *podcast* e fazendo terapia, aprendi tanto sobre mim mesma... Quanto mais aprendo, mais me trato com compaixão, e isso realmente muda a minha vida. Aprender primeiro a aceitar e amar a si mesma é um puta de um clichê, mas super verdadeiro.

Tenho total consciência de que fazer terapia pode ser caro e, talvez, até meio assustador. Mas, tendo sobrevivido a diversos traumas, posso te dizer que a terapia também é capaz de mudar sua vida. Felizmente, existem muitos grupos de apoio gratuitos presenciais e *on-line*. Eu já fiz terapia presencial e *on-line*, dependendo da necessidade. Um bom ponto de partida para procurar serviços gratuitos são faculdades de psicologia e hospitais públicos que tenham serviço de psiquiatria.

Se você sofre de ansiedade, depressão, transtorno do estresse pós-traumático ou de algum outro problema psiquiátrico, por favor, não pense que este livro não é para você. É, sim. Na verdade, foi escrito por alguém que tem as três coisas: somos tipo gêmeas. Nosso passado não nos define nem determina o nosso valor. Podemos tomar a decisão consciente de transformar a dor em paixão e fazer mágica a partir daí.

Prostração (*substantivo*) Sensação de mesmice, tédio, inquietude, não sair do lugar, falta de inspiração

- Diferente da depressão, a prostração é uma sensação de mesmice, estagnação, tédio. Pessoalmente, eu fico na *bad* quando estou sem inspiração, exausta, precisando de um descanso. Como você pode se livrar dessa mentalidade fatalista e voltar a ser incrível pra caramba?

Dicas para ser menos ruim consigo mesma e sair dessa prostração

DESENCANE DOS ERROS E ARREPENDIMENTOS PASSADOS. É comum a gente se sentir sem inspiração quando entra em um ciclo de autodiálogo negativo. Lembre-se, com jeitinho, de que ficar no passado só consome o tempo que você poderia estar investindo em si mesma.

DÊ UMA AVALIADA NO SEU AMBIENTE. Para você, o que torna um ambiente mais produtivo? Se seus atuais arredores não estão te inspirando, mude. Se trabalha remotamente, tente trabalhar em uma cafeteria ou algum lugar mais silencioso que possa te motivar.

BUSQUE INSPIRAÇÃO. Às vezes, a gente fica tão perdida dentro da própria cabeça que esquece o quanto já avançou e aonde quer chegar. Tá precisando de uma injeção de inspiração? Tente criar um quadro de objetivos/inspiração ou escrever qual é a sua missão, como as empresas fazem, ou admirar o trabalho de alguém que te inspira (sem se comparar com essa pessoa).

O que os outros pensam de você não é da sua conta!

> "A vida é curta demais para perder tempo, mesmo que seja pouco, imaginando o que os outros pensam da gente. Em primeiro lugar, se essa gente tivesse coisa melhor para fazer, não teria tempo para ficar por aí falando de você. O que importa para mim não é a opinião dos outros sobre a minha pessoa, mas a minha própria opinião sobre a minha pessoa."
>
> C.JoyBell C., escritora

> **Autopercepção** (*substantivo*) Como você se enxerga e vê o impacto que causa no mundo. Autoconsciência

A autopercepção (vulgo autoconsciência) ajuda a enxergar o impacto que a gente causa no mundo. As nossas ações, crenças e os nossos pensamentos formam os dois principais elementos que compõem aquilo que somos: o ego e o nosso verdadeiro eu. Separar o ego do verdadeiro eu é o primeiro passo para entender o ambiente e o impacto que temos nele. A autoconsciência também ajuda a reconhecer quais são os nossos pontos fortes, mesmo quando os outros não os reconhecem. Reconhecer o próprio valor incentiva a suprir as nossas necessidades como se deve.

O ego e a vergonha tentam nos convencer de que é preciso aprovação dos outros para a gente se aceitar. Só que não. O ego até pode te ajudar a se encaixar na sociedade, mas é o amor-próprio que vai fazer você se destacar. Pode mandar ver: deixe esse amor-próprio dar um soco bem na cara do ego e da vergonha.

Como a sua perspectiva vai se destacar se você está preocupada em imitar a perspectiva de outra pessoa? Alerta de *spoiler*: não vai. E é por isso que um dos melhores presentes que você pode se dar é saber quem você é e não dar a mínima para o que os outros pensam.

A vulnerabilidade é uma coisa poderosa – e também assustadora

Ter orgulho da nossa própria história pode ser complicado, mas passar a vida fugindo dela é muito mais difícil. Abraçar nossas vulnerabilidades é arriscado, mas desistir do amor, da alegria e da sensação de pertencimento – as experiências que nos tornam mais vulneráveis – é muito mais perigoso. É só quando temos coragem de explorar a escuridão que podemos descobrir o poder infinito da nossa própria luz.
Brené Brown, pesquisadora da vergonha e escritora

> **Vulnerabilidade** (*substantivo*) Ato de se abrir para os outros e expor o seu verdadeiro eu e aquilo que você acredita, mesmo correndo o risco de essas pessoas te julgarem ou magoarem

Compartilhar a nossa paixão com o mundo é uma das coisas mais apavorantes e gratificantes que a gente pode fazer na vida. O nosso ego e a nossa *hater* interior querem que a gente acredite que não deve se arriscar por que, assim, evita a vergonha de ser criticada pelos outros. Ninguém quer correr o risco de ser vista como "errada", "diferente", "esquisita" ou sei lá mais o quê.

Por mais ansiedade que compartilhar nosso eu/nossa arte/nossas ideias de verdade possa causar, há mais prós do que contras. Quando a gente resolve permitir que os outros vejam quem realmente somos, nossa vulnerabilidade deixa as pessoas à vontade para fazer a mesma coisa. Isso nos ajuda a criar um círculo de pessoas verdadeiras e construir relacionamentos baseados na confiança. Não me entenda mal: algumas pessoas vão te odiar. Mas, provavelmente, isso vai ter muito pouco a ver com você e tudo a ver com o que elas já viveram.

Como sou uma viciada em agradar todo mundo em recuperação, que ganha a vida na internet, não ignorar a negatividade e deixar de acreditar na minha perspectiva é minha kriptonita. Quando lancei o *Something was wrong*, as primeiras duzentas e poucas avaliações no iTunes foram muito positivas, encorajadoras e gentis. Provavelmente, porque 100% delas foram escritas por pessoas que me conheciam.

À medida que meu *podcast* foi fazendo mais sucesso, as avaliações dos *haters* começaram a aparecer. Jurei para mim mesma que não ia ler. Mas aí eu li. E aí eu chorei. Eu me entreguei de corpo e alma a esse projeto por meses a fio e me senti tão derrotada por causa da opinião de meia dúzia de pessoas... Deixei que a minoria que não gostou de algo que eu disse ou fiz tirasse o valor de algo que milhares de pessoas amaram. Eu não estava focando a minha energia no meu trabalho nem em ter gratidão por aquilo que conquistei. Estava desperdiçando a minha energia no que os outros pensam. O meu ego ficou mordido.

Comecei a ficar obcecada, pensando em como fazer essas pessoas me entenderem – ao ponto de perder o sono e não ter mais prazer com algo que antes era a minha paixão. O Michael, meu marido, quase todo dia me dava aquela injeção de ânimo (desculpa, amor). Fiquei tão focada na negatividade que não conseguia internalizar meu sucesso.

Finalmente, resolvi abandonar a ideia de fazer todo mundo gostar de mim. Comecei a estabelecer limites entre mim e a internet. Passada uma semana dessa distância, comecei a me animar de novo com o meu trabalho. Fez bem para o meu trabalho (e para a minha ansiedade) eu ter estabelecido esse limite. Quanto mais invisto na minha perspectiva e no meu propósito, mais feliz eu fico.

Dizem que a gente só faz sucesso de verdade quando tem *haters* – então, se você tem, bem-vinda ao clube. Tente canalizar a sua energia para algo o mais distante da negatividade possível. O seu trabalho é a sua arte, uma extensão de você – e gosto não se discute.

Você é única neste universo, e esse é o seu superpoder. Não importa quais são os seus objetivos, é fundamental que aquilo que você cria reflita quem VOCÊ é e qual é a SUA perspectiva. Não deixe as opiniões de um *troll* qualquer diminuírem as suas conquistas. A vulnerabilidade permite que a criatividade, o crescimento e a autoconfiança se manifestem. Por acaso você acha que os *trolls* estão transformando a vulnerabilidade deles em poder? *Pffff*, duvido.

Fale e aja com responsabilidade: o resto você não tem como controlar

A gente não pode (nem deve) controlar o que os outros pensam de nós, das nossas escolhas... nem dos livros de autoajuda que a gente lê. Basicamente, quem consegue fazer isso só pode ser um supervilão com poder de controle da mente. Se você tentar fazer todo mundo feliz, vai acabar não fazendo ninguém feliz, incluindo você mesma. E, quer saber? NÃO... VAI... FAZER... A... MENOR... DIFERENÇA. Tem gente que vai te amar. Tem gente que vai te odiar. Seja você mesma, vai fazer bem para o seu trabalho. Não tenha tanto medo da vulnerabilidade e da vergonha ao ponto de não se permitir chegar aonde você quer chegar.

• O que os outros pensam de você não é da sua conta! •

Peça opinião para quem realmente sabe do que está falando

Então como podemos sincronizar o nosso ego com a nossa autoconsciência? É aqui que entra o valor das opiniões dadas por pessoas de confiança. Para evitar pontos cegos no crescimento pessoal, nos relacionamentos e na realização dos nossos objetivos, a gente precisa contar com a opinião de mentores/especialistas que tenham conhecimento e experiência.

Por exemplo: se você quer escrever um livro de culinária, não pergunte para a sua amiga o que ela acha das suas receitas. A menos que a sua *BFF* seja chefe de cozinha. Descubra um profissional da gastronomia que tenha experiência em escrever esse tipo de livro. Essa pessoa tem condição de lhe dar conselhos realistas, profissionais, que vão te ajudar a alcançar os seus objetivos.

A opinião dos outros deixa de ser algo positivo quando ouvimos conselhos de quem não está qualificado para dar esses conselhos. Nossa visão se turva, e não sentimos a mesma satisfação que sentimos quando acreditamos em nós mesmas e criamos algo genuíno. Isso inclui *haters*, *trolls*, gente que avalia as coisas na internet e até amigos e parentes bem-intencionados. Como bem disse a escritora Simone Elkeles, que entrou na lista dos *best-sellers* do *New York Times*, "Opinião é que nem cu. Todo mundo tem e todo mundo acha que o dos outros é que é fedido".

Descobri que, no meu caso, é obrigatório criar limites entre mim e coisas como avaliações ou comentários sobre o meu trabalho no iTunes, na Amazon, nas redes sociais. O máximo possível. Isso não me torna uma pessoa mais fraca nem menos poderosa, muito menos limita a minha paixão nem o meu crescimento. Mas me permite focar apenas no trabalho que preciso fazer naquele momento e na minha perspectiva.

A única verdade é o que é verdadeiro para você

Depois de um tempo investindo nos nossos objetivos, a gente pode ficar tentada a comparar o nosso "sucesso" com o de outras pessoas da mesma área. Esse é um esforço sem sentido, infrutífero, que só nos faz perder tempo. As conquistas dos outros não diminuem a sua capacidade de alcançar os próprios objetivos, de jeito nenhum. Apoiar outras pessoas que trabalham na mesma área que você empodera, ao mesmo tempo, você e essas pessoas. Ficar feliz por alguém não custa nada. Comemorar as conquistas dos outros alimenta uma mentalidade de abundância e de crescimento na sua área de negócio.

E vice-versa: o fato de os outros se compararem com você e com as suas conquistas não é problema seu. Não é você que tem que fazer os outros se sentirem bem em relação ao seu sucesso. Quem te ama de verdade vai ficar feliz pelo seu avanço, sem sentir necessidade de te criticar ou dizer que, sem eles, nada disso teria acontecido. Se você perceber que pessoas que fazem parte da sua vida estão superinteressadas em todos os detalhes dos seus fracassos, mas mal te dão os parabéns pelos seus sucessos, pode saber que, provavelmente, essas pessoas não são suas amigas.

VULNERABILIDADE DÁ MEDO E vale A PENA

Você é a CEO, CFO, presidenta, todos os vice-presidentes e o conselho deliberativo do seu próprio fã-clube nesta vida. Ninguém mais se dedica ao negócio de ser você além de você. Eu costumo falar para mim mesma: "Você cuida do negócio chamado Tiffany Reese. É você que tem que dar prioridade às coisas mais certas e que mais beneficiem Tiffany Reese". Isso me ajuda a ter uma visão mais ampla das minhas oportunidades e não me deixar levar pela emoção ao tomar decisões. Também me ajuda a não me subestimar nem pegar trabalho que não estou a fim de fazer por medo de que seja a última oportunidade que vou ter na vida. O que é ainda mais fundamental quando se planeja trabalhar como autônoma. Se você não se valoriza, ninguém mais vai valorizar.

A melhor maneira de mostrar para os outros como devemos ser tratadas é nos amando. O mesmo vale para definir o próprio valor e decidir quem pode ou não fazer parte da nossa vida. Não temos como desenvolver todo o nosso potencial sem valorizar quem somos e o que temos a oferecer. E aposto que você tem umas coisas sensacionais a oferecer.

A vida é muito curta para perder tempo odiando e tendo vergonha daquilo que a gente é. Mas, mesmo assim, onde quer que você olhe, encontra novos jeitos de se sentir uma merda, desvalorizada. As redes sociais e *reality shows* não ajudam em nada nessa questão. Temos que ser resilientes e assumir o compromisso de nos amar de forma incondicional e assertiva.

CAPÍTULO 5

Tenha fé em alguma coisa e fique zen!

> "Quando acreditamos em algo, o Universo já está a meio caminho da mudança. Porque você mudou, ao acreditar. E, quando você muda, outras coisas começam a mudar também. Não é assim que as coisas funcionam?"
>
> *Diane Duane, no livro So you want to be a wizard?*
> *[Então você quer ser mago?]*

> **Fé** (*substantivo*) Ato de acreditar e confiar incondicionalmente em algo ou alguém

Crer em um poder maior é importante, pois ter fé em algo que vai além de nós mesmas ajuda a ter paz e a sentir uma conexão com todos os seres vivos. Se você não é "uma pessoa de fé", deve estar se sentindo meio incomodada neste momento. Não se preocupe: não estou falando, necessariamente, *daquele* tipo de poder maior. Ter fé é simplesmente acreditar em algum poder que vai além de nós mesmas.

Andar com fé (no que eu quiser) eu vou...

Pode acreditar em cristais, no Keanu Reeves, em *labradoodles* ou simplesmente em você mesma. O importante é ter fé em alguma coisa. Ter gratidão nos faz lembrar que já somos abençoadas, e a fé inspira a esperança no futuro.

Tem um monte de merda assustadora rolando no mundo, e eu não faço a menor ideia de por que coisas ruins acontecem. Mas sei, isso sim, que a fé me sustenta durante os momentos mais difíceis. Não sou dessas que acreditam que nada é por acaso, mas acredito que a gente precisa fazer o melhor com o que tem e acreditar em si mesma.

Ter fé em alguma coisa faz sentimentos de positividade, esperança e propósito se manifestarem. Na dúvida, tenha fé em si mesma e manda essa grossa da sua ansiedade calar a boca. Está na hora de começar a acreditar em coisas que você (ainda) não vê, acreditar e confiar que essas coisas estão por aí, só te esperando.

Mentalidade de abundância: felicidade não é pizza – tem para todo mundo

A mentalidade de abundância surge de uma segurança interna, não de associações, comparações, opiniões, posses e rankings externos.
Stephen Covey, escritor e educador

> **Mentalidade de abundância** (*substantivo*) Ideologia de acordo com a qual existem sucesso, amor e oportunidades suficientes para todo mundo
>
> **Mentalidade de escassez** (*substantivo*) Crença na ideia de que, se alguém tiver alguma coisa, não vai ter para os outros

O executivo e escritor norte-americano Stephen Covey cunhou o termo "mentalidade de abundância" (ou "pensamento de abundância") no seu *best-seller Os sete hábitos das pessoas altamente eficazes*, de 1989. Desde então, a mentalidade de abundância foi reconhecida como uma estratégia favorável para cultivar o crescimento pessoal e espiritual.

Ter mentalidade de abundância é reconhecer que existe felicidade e sucesso para todo mundo. A mentalidade de escassez induz a pensar que, se alguém tem alguma coisa, está tirando isso de outra pessoa.

Quando adotamos a mentalidade de abundância, o mundo nos oferece infinitas possibilidades. Como não gostar?

BENEFÍCIOS EMOCIONAIS DA MENTALIDADE DE ABUNDÂNCIA

- Irradiar felicidade apesar das circunstâncias.
- Sentir-se plena, cheia de ideias, criativa.
- Enxergar uma vida ilimitada e gratificante pela frente.
- Reconhecer oportunidades de crescimento.
- Incentivar os outros e a si mesma.
- Cultivar a fé no próprio ambiente e nas próprias oportunidades.
- Encarar o sucesso dos outros como uma inspiração.

Serenidade já!

"Não sou religioso, mas rezo, sim. Faço 60 segundos de meditação, me visualizando, olhando para mim, tendo consciência da minha própria consciência. E isso me prepara para enfrentar o resto do dia."
RuPaul, drag queen, cantor e celebridade

Meditar (*verbo*) Concentrar a atenção no seu interior, pensar profundamente

É ou não é exaustivo pensar o tempo todo? Dê uma folguinha para esse seu cérebro maravilhoso. A meditação não é só uma ótima desculpa para fechar os olhos (até parece que eu preciso de uma), mas também pode trazer benefícios para a sua saúde física e mental. Na sua lista de autocuidado, inclua a meditação como parte de sua higiene mental.

A MEDITAÇÃO PODE AJUDAR A

- Fortalecer o sistema imunológico.
- Diminuir dores e inflamações.
- Dar um gás nos níveis de felicidade.
- Controlar a depressão, a ansiedade e o estresse.
- Ampliar as interações sociais e a inteligência emocional.

- Aumentar a capacidade de regular e controlar as próprias emoções.
- Mudar a configuração do cérebro (para melhor) e aumentar a massa cinzenta (coisa que, pelo jeito, também é boa).
- Aumentar a concentração, a habilidade de fazer várias coisas ao mesmo tempo e a memória.
- Melhorar as habilidades criativas e de pensar em diferentes alternativas.

Seja grata por todas as merdas que você já superou

Ser grata o tempo todo não é fácil. Mas, justamente naquelas horas em que a gente menos se sente assim, é que mais precisa do que a gratidão tem a oferecer: perspectiva. A gratidão é capaz de transformar qualquer situação. Altera nossa vibração, transformando a energia negativa em positiva. É o jeito mais rápido, mais fácil e mais poderoso de mudar a sua vida – isso eu sei de verdade.
Oprah Winfrey, no livro **Isso eu sei de verdade**

> **Gratidão** (*substantivo*) Arte de ser grata por tudo o que você já tem na vida. Alegrar-se pelas bênçãos recebidas e demonstrar que realmente fica agradecida por elas

Quem já leu o meu primeiro livro, *Tá tudo uma merd*: um diário da gratidão para quem já passou por poucas e boas nessa vida*, sabe que eu sou mega a favor da gratidão.

Ser grata ajuda a ver que, para cada perda, também há um ganho; que, depois de cada fase difícil da vida, vem um momento de cura e redenção. Ter gratidão pelos dons que temos é extremamente importante e faz muito bem quando a gente está tentando sair de um ciclo vicioso de ódio por si mesma. Não se esqueça: não tem como superar a síndrome do impostor se você não se permitir valorizar de verdade o próprio sucesso.

Como acontece com a meditação, há muitas pesquisas que buscam demonstrar que a prática da gratidão pode ter relação com a melhora da saúde física e emocional.

GANHOS DA GRATIDÃO

- Melhoria nos relacionamentos.
- Fortalecimento da saúde física.
- Aumento da empatia e redução da raiva.
- Fortalecimento da autoconfiança.
- Melhoria na saúde emocional e na força mental.
- Aumento do relaxamento e melhoria do sono.

Quer dar um gás na sua corrida pela gratidão? Tire dois minutos por dia para escrever três coisas pelas quais você se sente grata. Inserir mais um *merchand* descarado do meu livro *Tá tudo uma merd*: um diário da gratidão para quem passou por poucas e boas nessa vida* aqui. Mas, sério, você pode até escrever essas coisas em um absorvente, se depender de mim. Só de reservar um tempinho para comemorar as bênçãos de cada dia já vai te fazer bem.

A minha família gosta de praticar a gratidão em grupo. Nas noites em que todos nós conseguimos sentar na mesa para jantar na mesma hora, cada um conta os pontos altos e baixos do dia. A gente começou a fazer isso há dois anos, e toda a família (e os convidados para jantar) gosta de citar os melhores e piores momentos do dia. Nossas regras são bem simples: todo mundo pode contar quantos "altos" quiser, mas só pode mencionar um "baixo". Mães da plateia: podem acreditar em mim nesse quesito.

Deixe a gratidão guiar sua Ação

DEIXE OS SEUS VALORES TE GUIAREM

Se surgir uma oportunidade que não se alinha com o que é mais importante para você (seus valores fundamentais), deixe passar. Oportunidades que não alegram o seu coração nem te deixam animada acabam só ocupando o espaço que oportunidades melhores teriam. Não se contente com algo legal – espere por algo incrível!
Leanne Jacobs, no livro **Beautiful Money** *[Lindo dinheirinho]*

> **Valores** (*substantivo*) Crenças fundamentais, que compreendem quem somos e o que é importante para nós. Coisas nas quais acreditamos profundamente e consideramos importantes na nossa vida

Reconhecer o que é importante para a gente ajuda a definir nossos valores pessoais. Alguns dos meus valores pessoais são: bondade, honestidade, confiança, responsabilidade, vulnerabilidade, autenticidade, positividade, inclusão, equidade e bom humor. Quando a gente sabe no que acredita, também sabe o que não tolera. Esse conceito teve poder de cura para mim quando decidi escolher quem ia fazer parte da minha vida e no que eu queria focar minha energia.

Quais são os valores mais importantes para você?

_____
_____
_____
_____
_____

Se você tivesse que declarar a sua missão, como as empresas fazem, qual seria?

_____
_____
_____
_____
_____
_____

O que você quer que o seu "trabalho" transmita a respeito da sua pessoa?

_____
_____
_____
_____
_____
_____

CAPÍTULO 6

Seja sua alma gêmea

"Porque sou minha alma gêmea
Sei como me amar
Sei que sempre vou me apoiar
É, sou minha alma gêmea
Não, nunca me sinto só
Não preciso de coroa, rainha sei que eu sou
Olho no espelho e tipo 'Nossa, ela é a minha cara metade'"

Versos traduzidos da canção "Soulmate" [Alma gêmea], da rapper, cantora e compositora Lizzo

> **Alma gêmea** (*substantivo*) Ser perfeito e sem defeitos no quesito relacionamento com uma determinada pessoa

E se a gente começasse a se tratar com o mesmo amor, a mesma admiração e a mesma compaixão com que tratamos nossos amigos? Dá para imaginar o que seríamos capazes de realizar?! E se fosse o contrário: e se a gente falasse com os amigos do jeito que falamos com nós mesmas? Provavelmente, não iam sobrar muitos amigos.

Amar aquilo que somos é coisa das internas, e o modo como falamos conosco e sobre nós é extremamente importante. É por isso que eliminar o autodiálogo negativo e focar em ter uma mentalidade de crescimento é tão importante. A energia positiva permite ter um estilo de vida mais produtivo e criativo.

Só você pode definir você

> **Gaslighting** (*substantivo*) Forma de abuso psicológico em que o abusador tenta convencer a vítima de que ela está delirando ou é louca, usando estratégias como negar a realidade dos fatos

Se eu baseasse o meu amor-próprio nas palavras e atitudes dos meus pais em relação a mim quando eu era pequena, ainda estaria morta por dentro. Mas, mesmo quando eu era criança, sabia que sou linda, inteligente, amorosa, boba e criativa. Apesar de ser uma dor sem fim ter sido tratada que nem merda por aquelas pessoas que mais deveriam me amar, acho que, mesmo naquela época, eu sabia que a crueldade dos dois tinha muito mais a ver com eles do que comigo. Não que isso torne o sofrimento menor, mas me ajuda a entender que os meus pais estavam errados.

Eu ouvi que não era bonita, que nunca ia arranjar namorado nem me casar porque era gorda demais. Que eu só tinha amigos porque as pessoas ficavam com pena de mim. Que era só perder peso e agir de uma certa maneira que, finalmente, seria atraente. Os meus pais me chamaram das piores coisas, me deram tapas, socos, arranhões, me diminuíram.

Como o meu pai era um vigarista sociopata, a gente mudava muito de cidade. Tipo um ano sim, um ano não. Ou seja: eu fui a gorda nova do colégio várias vezes. No final do Ensino Fundamental, ficava ligada no modo sobrevivência todos os dias. Cagavam na minha cabeça em casa e defecavam na minha cabeça na escola.

Quando fui para o sétimo ano, os meus pais me matricularam em um colégio católico. Estavam convencidos de que alunos de escolas particulares são mais educados e que, sendo assim, eu teria mais chances de fazer amizade. Eles estavam redondamente enganados.

Jamais vou esquecer o dia em que o Brett, o cara mais gatinho da turma, me passou um bilhetinho dobrado, pedindo que eu ligasse para ele à noite. Na hora, pensei "Finalmente alguém que sabe dar valor a essa minha linda bunda enorme!". Entrei no carro, abri o bilhete: "0-800-94-Jenny". Para quem não sabe, era o número (e o *jingle* chiclete) da Jenny Craig, uma empresária de dietas famosa dos anos 1990. Eu me senti humilhada e arrasada. Teve uma vez que o Brett grudou um papel escrito "carga pesada" nas minhas costas. Um cara realmente dos bons, óbvio.

No final do oitavo ano, nossa turma fez um piquenique de formatura. Uma menina popular chamada Maggie e o namorado dela jogaram vôlei comigo no tal piquenique e, finalmente, descobriram que eu era divertida. Eu e a Maggie acabamos nos tornando amigas naquele verão. Ajuda muito a rainha do oitavo ano (que também era a única pessoa que sabia se maquiar) te achar legal, de verdade.

Quando comecei a ter amigas, me dei conta do quanto queria ter namorado, como elas tinham. Só que, como sempre me disseram que eu era um lixo gordo e nojento, eu achava que não tinha nada a oferecer. Ser a única gorda da turma nos anos 1990, época da calça *jeans* de cintura baixa, da Britney Spears e da estética *heroin chic*, não foi fácil.

A minha mãe sempre me incentivou a pular refeições, e eu sabia que ser gorda era "errado". Mas, como eu era muito nova, não fazia ideia de como eu realmente poderia mudar o fato de estar acima do peso. Os meus pais mantinham numa situação se-correr-o-bicho-pega-se-ficar-o-bicho-come: criticavam constantemente o meu tamanho e aí ficavam me empurrando porcarias e doces o tempo todo. Um dia, perguntei para a minha mãe quantas calorias eu deveria ingerir por dia para perder peso. Ela ficou com uma cara tão feliz que mais parecia que alguém, finalmente, tinha lhe dado de presente de Natal a filha magra e líder de torcida que ela sempre quis. A minha mãe me disse que o melhor, claro, era comer o mínimo possível. Aí sugeriu que eu começasse com mil calorias e fosse diminuindo. Acreditei e confiei nela. Pensei "OK, é isso que eu preciso fazer: comer o mínimo possível durante o maior tempo possível e fazer exercício todos os dias. Aí vou ficar magra, e todo mundo vai me achar gata, vai me dar valor. E, quem sabe, ninguém mais vai grudar papéis escrito 'carga pesada' na minha bunda".

Seguindo essas técnicas de privação de comida, durante o verão entre o primeiro e o segundo ano do Ensino Médio, perdi quase 37 kg. Todos os dias, quando eu calçava os tênis, os meus pais me elogiavam e (finalmente) diziam que tinham muito orgulho de mim. Fiquei viciada nessa sensação e não queria que acabasse nunca. De repente, as pessoas estavam me elogiando e dizendo que eu era bonita. "OK", pensei, "é *assim* que vou fazer as pessoas me amarem".

Como eu tinha perdido peso e passei a ter valor para eles, a recompensa que os meus pais me deram foi deixar eu fazer um *piercing* no umbigo (antes tive que perder 25 kg, claro) e sair do colégio particular para estudar na escola pública da região. Na escola pública, descobri que os meninos falavam muito mais abertamente sobre o fato de terem tesão e serem uns nojentos. E outra ótima maneira de ser valorizada era pegando geral. Como, nessa fase, eu só queria saber de ser bonita e garantir que o sexo oposto me achasse gata, o papel de pegadora me caiu como uma luva (foi isso que ela disse). Explorar a sexualidade não é algo necessariamente ruim (longe de mim julgar alguém por isso), mas o que me movia era a vontade de ser valorizada pelos outros, eu não estava fazendo aquilo por mim. Os meninos queriam sair comigo, sim, mas a verdade é que nem sempre a gente sai ganhando quando fica com garotos do Ensino Médio.

A minha mãe até incentivava isso — chegou a me dizer, uma manhã em que eu estava indo para a escola, que eu estava com umas pernas até que bem legais e podia usar saias um pouco mais curtas. Afinal de contas, eu tinha que fazer de tudo para continuar atraindo os caras: era a minha prioridade máxima na vida.

Pouco depois do meu aniversário de 16 anos, o meu pai teve que fugir da polícia ou do FBI ou de alguma coisa assim. A gente mudou para outra cidade, e fiquei sozinha de novo. Tentei frequentar uma nova escola, mas simplesmente não consegui me conectar com as pessoas da minha idade. Parecia que todo mundo tinha coisas do tipo pais amorosos e infância de verdade, e eu não conseguia me identificar com ninguém.

Fiz um pedido para estudar em casa, passei no segundo ano, arrumei um emprego em tempo integral e comecei a planejar o meu plano de fuga da minha família. Uma dia, fui morar no dormitório dos calouros da faculdade, a horas de distância, e comecei a experimentar como a vida longe da minha família poderia ser. Aquele meu eu de 16 anos, no primeiro ano da faculdade, também era muito autodestrutivo. Como me dei conta de que seria bem provável eu me matar ou alguém me matar em algum momento, nem ligava. Eu bebia muito, me colocava em situações extremamente perigosas e, no geral, estava pouco me lixando.

O negócio de crescer em um ambiente tóxico é que a gente só conhece isso, e essa toxicidade acaba sendo normalizada. E, como eu não tinha mais ninguém da família, não tinha amizades de longa data nem nenhum outro tipo de apoio a não ser eu mesma, não fazia a menor ideia do que era ter um relacionamento saudável nem com os outros nem comigo mesma. Eu nem sequer entendia que isso era algo em que eu podia melhorar. Só sabia que odiava a minha vida, me odiava e, pelos meus padrões tóxicos, bem que podia perder mais uns 25 kg.

Nessa transição da Tiffany da adolescência para a Tiffany da faculdade, voltei a ter contato com a minha velha amiga Maggie (a garota popular do colégio cristão) e contei pra ela o quanto eu estava infeliz (provavelmente, pelo Messenger da AOL). A mãe da Maggie ouviu que eu estava morando sozinha aos 16 anos, e as duas me convidaram para ir morar com elas.

Foi a primeira vez que eu morei em um lugar onde realmente me senti segura. Arrumei um namorado bem sério e entendi que tinha muito mais gente que também achava que essa minha bunda "carga pesada" ficava bem bonita de calça *jeans*.

Esse namorado-que-virou-noivo-que-virou-ex-noivo abriu os meus olhos para o fato de que sou bonita e posso ser amada. O problema é que eu não sabia direito como o amor deveria ser. Achei que esse namorado era a única oportunidade que eu teria de ser amada na vida. E, quando a gente terminou, tive certeza de que devia simplesmente me matar logo. Felizmente, não fiz isso. O que eu fiz foi começar a olhar para mim mesma e a pedir ajuda. Me dei conta de que, se queria ser feliz e gostar de viver, só eu poderia fazer isso acontecer. Tinha que ser a minha própria alma gêmea.

Comecei a ir muito bem na faculdade depois que passei a estudar algo pelo qual sou apaixonada: moda. À medida que fui ganhando experiência de vida, comecei a ter mais segurança para demonstrar a autoconfiança que eu tinha guardado em segredo, dentro de mim. Comecei a dar valor a quem eu sou, pouco a pouco. Comecei a namorar o Michael, o meu atual marido, que me ensinou muito sobre o verdadeiro amor, dar e receber apoio e me valorizar.

Comecei a me distanciar cada vez mais do abuso emocional, físico e de drogas dos meus pais. Comecei a me cercar de pessoas que me amam e a direcionar a minha energia para me conhecer melhor. Comecei a aprender como é ser feliz – tipo. Eu me abri com os meus novos amigos (que agora se tornaram a minha família por opção) e me permiti ser amada.

Comecei a frequentar os grupos do Al-Anon. São grupos de apoio gratuito para pessoas que têm (ou tiveram) relacionamentos com alcoólatras e viciados em drogas. Aprendi tanto sobre mim mesma nessas reuniões... Mas, mais do que tudo: descobri que não sou a única. Eu me senti tão aceita, e isso foi extremamente terapêutico para mim. Sabia que não queria mais ser vítima das minhas circunstâncias. Eu queria ser uma sobrevivente.

Eu e o Michael nos casamos em 2008 (eu tinha 22 anos, e ele 23). Seis meses depois, me vi de ressaca, fazendo xixi naquele pedacinho de plástico. Acontece que a vodca que eu tinha bebido no Natal realmente fez efeito. Fiquei grávida do nosso primeiro filho, que acabamos chamando de Jude. Foi aí que eu realmente dei início à minha transformação.

Quando o Jude entrou no nosso mundo, eu experimentei um novo tipo de amor que preencheu cada pedacinho da minha alma. Tive certeza, no instante em que ele nasceu, que eu e o Michael jamais seríamos os mesmos. Eu já não me sentia mais morta por dentro. Entendo que ter filhos não é para todo mundo. Mas, para mim, o amor que eu sentia pelo meu filho me fez ter vontade de me amar mais. Fez eu me sentir novinha em folha. Tendo o Michael e o Jude do meu lado, eu tinha tudo o que eu nem sabia que precisava.

Usei esses sentimentos de amor como catalisadores da mudança. Continuei investindo em mim mesma e, pouco a pouco, comecei a me transformar em uma mulher confiante. Comecei a me arriscar e a ser um pouquinho mais vulnerável e, a cada passo, ganhava mais uma gota de coragem.

Em 2011, nossa família deu as boas-vindas à Ruby. Ter uma filha era uma perspectiva ao mesmo tempo apavorante e encantadora para mim. Eu não acreditava que poderia me sair bem nessa. Sempre duvidei da minha capacidade de me aproximar de outras mulheres por causa da relação complicada que eu tinha com a minha mãe.

Com o tempo, me dei conta de que precisava acreditar em mim mesma. Não sou a minha mãe, e o exemplo que ela me deu, do que NÃO fazer, na verdade me ajudou a ser mais sensível e compreensiva. Tive a oportunidade de quebrar esse ciclo de abuso físico e emocional com os meus filhos e de ser a pessoa que eu queria ser. Sabia que precisava simplesmente me concentrar em acreditar em mim mesma e nos meus instintos naturais. Reconheci que, se eu queria ser um exemplo de autoconfiança para os meus filhos, tinha que sentir essa autoconfiança até o meu último fio de cabelo.

Durante a gravidez do Ozzy, nosso filho mais novo, cheguei àquele ponto de virada em que tive que cortar todo o contato com a minha mãe. Eu já tinha parado de responder às cartas que o meu pai me mandava da prisão há anos, mas essa já é outra história. Foi muito sofrido finalmente tomar a decisão de não ter mais contato com eles, mas foi O MELHOR PRESENTE que eu já me dei na vida. Livre do abuso, narcisismo, *gaslighting*, julgamento e da personalidade tóxica deles, me tornei livre e encontrei a paz de muitas outras maneiras.

Só fui me dar conta do quanto ainda não me permitia ser quem eu era só para a minha família se sentir bem depois que saí completamente desse ambiente tóxico. Porque lance do abuso é o seguinte: é muito difícil ver o quanto isso faz mal até a gente não estar mais nesse ambiente. Comecei a amar completa e descaradamente quem eu sou e resolvi usar a dor do meu passado como combustível para as minhas empreitadas criativas.

Isso me fez bem não só como pessoa, mas também alavancou a minha carreira. Desde que cortei contato com a minha família, há uns cinco anos, já fiz produção de moda para o *BuzzFeed*, sou blogueira profissional, apareci na TV, consegui um emprego sensacional em uma empresa de moda que vale bilhões de dólares, ganhei um prêmio pelo meu *podcast*, que eu mesma produzi e foi líder de audiência, e publiquei dois livros. Mal posso esperar para ver o que vou aprontar depois disso.

É possível amar alguém e, mesmo assim, saber que essa pessoa não merece fazer parte da sua vida. A gente tem que dar prioridade para o que é melhor para a nossa saúde mental e emocional e assumir um compromisso consigo mesma de parar de pedir desculpas por quem se é e parar de ter vergonha das próprias imperfeições.

Para desenvolver todo o nosso potencial, a gente precisa aprender a se amar sem ter vergonha disso. Sei que pode parecer assustador superar aquilo que te impede de se amar, seja lá o que for, mas não ter a coragem de ser você mesma é muito mais assustador.

Xô, *bad vibe*

A sua mentalidade molda a sua realidade. Quando você se estressa, tudo a sua volta fica estressado. Controle sempre seus pensamentos e tranquilize qualquer estresse desnecessário, controle suas vibrações que você será a dona da sua própria harmonia.
Suzy Kassem, no livro **Rise up and salute the sun**
[Levante e faça uma saudação ao sol].

> **Energia** (*substantivo*) 1. Carga emocional ou vibrações que seres humanos ou ambientes irradiam 2. Quantidade de "foda-ses" necessários para terminar tarefas mentais, emocionais ou físicas
>
> **Vibração** (*substantivo*) Tom emocional, impacto, condição do ser, atmosfera. Energia que transmitimos para as pessoas à nossa volta. Vulgo *vibe*

Pense nas pessoas que mais te atraem na vida. O que elas têm em comum? Para mim, elas são confiantes, engraçadas, sinceras, amorosas, têm empatia e são apaixonadas pelo que fazem. Sendo seres emocionais, somos naturalmente atraídas pelas pessoas que nos fazem sentir felizes, seguras e energizadas.

O mesmo vale para as pessoas que você atrai. Se a sua *vibe* é antipática, insegura, egotista ou instável, pode fazer as pessoas à sua volta ficarem estressadas ou com a sensação de que sua energia foi sugada.

Se você tem dificuldade para se manter calma, use algumas das ferramentas sugeridas neste livro (gratidão, meditação, escrever diários, *mindfulness* etc.) por um mês e veja como podem transformar a sua energia.

O seu corpo é uma delícia

Para mim, a beleza consiste em se sentir à vontade na própria pele. É saber e aceitar quem você é.
Ellen DeGeneres, comediante e apresentadora de talk show

Imagem corporal (*substantivo*) Modo como enxergamos nosso próprio corpo e como nos sentimos em relação a ele

Cada corpo é único e não é só isso: assim o gosto pela arte, os fatores de atração são completamente subjetivos. A beleza está mesmo nos olhos de quem a vê. Então, por que estamos sempre tentando fazer o nosso corpo ser igual ao de todo mundo?

O nosso corpo e a nossa mente compõem nosso veículo ímpar. Somos indivíduos, não uma cópia genérica das outras pessoas. Se, mesmo assim, você não consegue encontrar uma maneira de se valorizar, tente encontrar gratidão pelo que o corpo te ajuda a realizar todos os dias. O que o seu corpo te ajudou a conquistar na vida? Espero que orgasmos múltiplos, mas também estou falando das "pequenas coisas", como ir para o trabalho, gerar outro ser humano ou nadar no mar. Pense em todas as coisas que o seu veículo já te ajudou a viver e como você não poderia fazer a maioria delas se fosse só um cérebro dentro de um vidro.

A nossa imagem corporal pode sofrer uma influência tão negativa que nos impede de alcançar nossos objetivos e até de tentar alcançá-los. Teve uma época em que eu era tão insegura e tinha tanta vergonha da minha aparência que tinha medo até de que pessoas desconhecidas me vissem. Evitava de comer na frente dos outros ou passar na frente de grupos de pessoas, pois estava convencida de que elas iam começar a comentar o quanto eu era gorda, feia e nojenta.

Um dia, alguém me perguntou: "Você já pensou que podem estar te olhando porque te acham linda?". Ãhn, na verdade, não. Eu não tinha pensado nisso nem por um segundo. E aí lembrei de todas as vezes que fiquei olhando para outras pessoas só para admirar o quanto elas eram lindas ou únicas. Isso foi um enorme *insight* para mim de como a nossa mentalidade é importante. Transformou o meu autodiálogo negativo em uma visão mais compreensiva de mim mesma e também me permitiu não julgar as pessoas à minha volta logo de cara.

ALGUNS EXEMPLOS DE COMO TER UMA IMAGEM CORPORAL NEGATIVA PODE NOS LIMITAR

- Não fazer uma apresentação ou aproveitar uma oportunidade no trabalho porque temos medo de que os outros vão julgar nossa aparência ou o modo que falamos.
- Perder a oportunidade de se divertir com a família ou os amigos na praia ou na piscina porque a gente não quer ser vista de maiô ou biquíni.
- Não viajar por medo de ocupar muito espaço ou ser julgada pelo nosso tamanho.
- Perder a oportunidade de guardar uma lembrança por não querer tirar foto.
- Não se candidatar a um emprego por que achamos que não somos bonitas o suficiente para trabalhar em uma certa empresa.
- Evitar de estabelecer novos relacionamentos porque temos medo da rejeição e da vergonha.

- ⚡ Não querer fazer exercícios ao ar livre ou na academia porque achamos que os outros vão nos julgar.
- ⚡ Não se dar ao direito de ter roupas novas, tirar férias ou ser feliz até conseguir entrar em roupas de um certo tamanho ou perder uma certa quantidade de peso.
- ⚡ Preferir a cultura da dieta (ou a visão dos outros de "saúde") a conhecer o nosso corpo e o que é melhor para nós mesmas.
- ⚡ Dar mau exemplo para nossos filhos do que torna uma pessoa digna de ser amada ou valorizada.

JEITOS DE MELHORAR A IMAGEM CORPORAL NEGATIVA

- ⚡ Desenterrar como sua imagem corporal se formou, com ajuda de um(a) terapeuta.
- ⚡ Evitar pessoas, coisas, *sites*, programas de TV e perfis nas redes sociais que te fazem sentir uma bosta em relação ao seu corpo.
- ⚡ Parar de falar de modo negativo sobre o seu peso e a sua aparência para os outros. Isso reforça a sua própria imagem corporal negativa, e a sua de insegurança é contagiosa: pode servir de gatilho e fazer mal para outras pessoas.
- ⚡ Reconhecer e lembrar que perfeição não existe – nem deve existir.
- ⚡ Não julgar os outros pela aparência ou pela maneira como elas resolvem se apresentar.
- ⚡ Falar com o seu corpo do mesmo jeito que você gostaria que os seus filhos ou alguém que você ama falasse com o corpo deles.
- ⚡ Lembrar que as coisas mais interessantes a seu respeito não têm nada a ver com a aparência.

Bora investir nessas paixões

> *Todo grande sonho começa com um sonhador. Nunca esqueça que, dentro de você, existe a força, a paciência e a paixão para querer sempre mais e mudar o mundo.*
> Harriet Tubman, abolicionista e ativista política norte-americana.

> **Paixão** (*substantivo*) Aquilo que nos dá vontade de levantar da cama em um domingo chuvoso. Entusiasmo ou amor profundo por alguma coisa

As nossas paixões nos ajudam a sobreviver a todas as chatices da vida adulta que somos obrigadas a lidar no dia a dia. Essa vontade louca de criar (ou de fazer algo que nos deixa empolgadas) ajuda a gente a se conectar com si mesma, com os outros e com o universo em geral.

Não precisamos reservar o entusiasmo só para as coisas que nos dão dinheiro. A paixão alimenta a nossa energia e a nossa felicidade. Óbvio que, em um mundo ideal, dá para ganhar dinheiro com a nossa paixão. Mas não é preciso de dólares para sentir aquela doce felicidade com as coisas que você gosta. Sou abençoada (vulgo ralei muito) de poder transformar diversos projetos paralelos em renda e em blocos para construir minha carreira, mas isso exigiu anos de trabalho até eu expandir meu portfólio.

Arrumar tempo para as coisas que nos dão obsessão, entusiasmo e fascinação é uma forma de higiene mental e autocuidado. Não importa o que nos dá paixão, quando a gente dá prioridade às nossas necessidades criativas, se sente mais realizada na vida. Quando você se entrega de corpo e alma ao trabalho, sem pensar na aprovação dos outros, faz jus à sua visão do mundo e aos seus dons. E aí que está a mágica, todinha na versão mais você do seu trabalho.

PRONTA PARA FICAR CONSTRANGIDA? ÓTIMO.

Quais são as suas melhores qualidades? Emocionais, físicas, vale tudo.

_____
_____
_____
_____

Uma imagem corporal negativa já te impediu de se arriscar ou de tentar algo novo? Como você pode superar isso no futuro?

_____
_____
_____
_____

Qual é a sua maior paixão? O que mais te faz se sentir calma, feliz e viva?

_____
_____
_____
_____

Encontre um propósito

> "Grave seu nome no coração das pessoas, não em suas lápides. O seu legado está presente na mente das pessoas e nas histórias que elas contam a seu respeito."
>
> *Shannon L. Alder, escritora*

> **Propósito** (*substantivo*) 1. Motivo pelo qual existimos 2. Motivação para conseguir o resultado desejado 3. Bravura, determinação, resolução, tenacidade

Caso ainda não tenha ficado óbvio, um dos meus mantras favoritos é "transformar a dor em propósito." Essa espécie de declaração de missão pessoal já me ajudou muitas vezes. Usar este mote como princípio-guia tem me feito muito bem porque não me deixa esquecer meu principal propósito: usar as minhas experiências para ajudar outras pessoas.

Em uma conversa com o meu marido na cozinha sobre as perspectivas de fazer o *podcast*, quando eu estava pensando em lançar *Something was wrong*, falei: "E se o motivo para tudo o que eu já superei na vida tenha sido justamente esse?! E se esse for o meu propósito?". Ele me olhou bem sério e respondeu: "Talvez seja". Sei que o Michael foi sincero e que acreditava nas minhas capacidades, mas mais que isso: eu fui capaz de dizer para mim mesma algo muito ousado, com todas as letras – e fui capaz de acreditar nisso.

Com a minha infância e as minhas experiências de vida, recebi a benção de ter uma conexão profunda com a humanidade dos outros, um QI emocional alto, um senso de humor meio tétrico e capacidades de empatia. Tudo isso me permitiu trabalhar com outras vítimas de abuso emocional e de trauma e exercer empatia com elas de um jeito que eu simplesmente não conseguiria fazer sem ter o meu passado.

Isso não diminui a dor que o jeito como fui criada me causa, mas me ajuda a mudar as minhas adversidades para ajudar outras pessoas.

Em 2012, o Bobby, meu irmão mais novo, foi assassinado por um delegado de Los Angeles. Foi a coisa mais difícil e dolorosa que eu já vivi: ver o meu irmãozinho, que ajudei a criar, dentro de um caixão, aos 22 anos de idade.

O primeiro ano de luto me consumiu de tanto sofrimento. Mas, nessa época, eu tinha dois bebês com menos de 2 anos que precisavam da mãe e não estava disposta a permitir que a minha dor me impedisse de ser uma ótima mãe. Foi extremamente difícil e ficou ainda pior quando o Jude foi diagnosticado com transtorno do espectro do autismo, no mesmo ano.

O ano de 2012 foi um dos mais difíceis que tive que enfrentar. Tive momentos ainda mais baixos, coisa que eu nem pensava que seria possível. Resolvi que devia ser um bom momento para buscar ajuda profissional e tratar a minha ansiedade e depressão. Marquei uma consulta e comecei a tomar medicações que salvaram a minha vida e ajudaram a corrigir o desequilíbrio químico do meu cérebro.

Ver alguém perder a vida sem motivo, sendo tão novo, me fez repensar a minha própria vida e o meu propósito. Eu não queria mais desperdiçar tempo e energia vivendo sem respeitar a minha verdade e sem aproveitar as minhas oportunidades ao máximo. Precisava dar prioridade a minha saúde mental e à minha jornada rumo à cura.

Comecei a escrever o meu blog, *LookieBoo*, durante esse ano de merda, como uma maneira de canalizar para o meu *site* todos esses sentimentos e a necessidade de ter uma forma criativa de me distrair. Permiti que esse despertar alimentasse o meu propósito de ajudar os pais de outras crianças com autismo. Queria falar abertamente da minha experiência e valorizar todas as coisas incríveis que o autismo traz para a vida da gente. Não gostava do estigma que acompanha as pessoas com deficiência e resolvi usar a minha voz para combatê-lo.

Ficar vulnerável e usar os meus privilégios me ajudou a me conectar com os pais de outras crianças neuroatípicas, informar pessoas e também sentir os benefícios de compartilhar a minha história e me sentir valorizada.

Como eu não tinha dinheiro para fazer o *site*, usei a minha paixão. Fiz tudo do zero (felizmente, com ajuda de alguns amigos incríveis que entendiam dessas coisas de computador). Apesar de estar com a conta no banco negativa, usei a criatividade para começar. Utilizei recursos *on-line* gratuitos, fiz contato com alguns fotógrafos da minha região (que também queriam divulgar as suas paixões) e pedi ajuda para os amigos.

Quando comecei a fazer o *blog*, contei para uma "amiga" o quanto estava animada, e ela falou: "Acho que você está gastando muito tempo com uma coisa que não vai te dar dinheiro". Ainda bem que resolvi ignorar essa negatividade e acreditar em mim mesma e na minha visão. Ter um propósito vale mais do que dinheiro, porque isso não tem preço.

Com o passar do tempo, marcas de roupa começaram a entrar em contato comigo, mas ainda não queriam pagar para eu divulgá-las no *blog*. Eu ainda não tinha "rodado" tempo suficiente para que conhecessem o meu trabalho nem tinha um número de seguidores que justificasse receber dinheiro para isso. E foi aí que eu comecei a trabalhar com as empresas em esquema de permuta. Elas me mandavam roupas de graça para eu mostrar no *blog*, e eu trabalhava com fotógrafos para garantir que as fotos ficassem incríveis e deixassem essas marcas felizes. Concentrei a minha energia nas possibilidades futuras e no plano maior.

Ainda bem que todo esse tempo que eu investi ganhando zero dinheiro (provavelmente o primeiro ano todo) depois me possibilitou ganhar a vida como blogueira. Tive tantas oportunidades incríveis que surgiram só por causa da minha paixão. Uma hora, utilizei o meu sucesso para trabalhar para marcas de roupa, incluindo um emprego "dos sonhos" em tempo integral para uma grande marca de São Francisco. Fiquei muito feliz por não ter dado ouvidos àquela única *hater* que me fez questionar se eu devia ou não investir tempo em mim mesma e nas minhas paixões.

O valor disso tudo não veio do trabalho em si, mas da felicidade e da satisfação de investir em algo que me fazia sentir mais expressiva. Eu não poderia ter conquistado o que conquistei sem ter sofrido a dor que sofri – porque isso me tornou a pessoa forte que eu sou hoje.

Seja qual for a dificuldade que você teve que enfrentar na vida, pense em como pode usar isso para alimentar a sua ambição e o seu projeto de vida.

Tenha confiança no seu propósito

Olha, autoconfiança demais é uma coisa que não existe. Ter autoconfiança simplesmente significa se dar ao direito de acreditar plenamente nos seus poderes e nas suas capacidades. É ser empoderada para viver a sua verdade com convicção. OK, sei que falar é fácil. Mas, com esforço contínuo e estabelecendo prioridades, você pode tudo.

Agora, a gente tem que ficar de olho naquele ser traiçoeiro que se chama ego. Não esqueça: a autoconfiança surge quando dá merda e você encara de frente, por mais difícil que seja; o ego surge quando se acha que você é que é a merda, sem motivo nenhum pra isso.

OUTROS JEITOS DE DAR UM GÁS NA SUA AUTOCONFIANÇA

- ⚡ Cumpra as promessas que faz a si mesma. Isso aumenta a autoconfiança e a fé na sua capacidade de realizar coisas.
- ⚡ Afirme a sua visão e visualize o seu sucesso. Ficar sonhando acordada com o ponto em que quer chegar é uma das melhores maneiras de ter motivação. Não se segure. É você quem decide quais são as suas limitações.
- ⚡ Cuide lindamente de você. O autocuidado é um jeito importante de demonstrar para si mesma que você é digna de ser amada e cuidada. Não deixe que a vida ou as suas paixões se sobreponham às suas necessidades.
- ⚡ Faça listas de tarefas e cumpra todas. Não precisa ir muito a fundo. Você pode anotar coisas simples como responder uma mensagem ou ir ao mercado.
- ⚡ Invista em você mesma: leia um livro (feito!), faça um curso, assista um seminário, peça para alguém ser seu mentor, qualquer coisa que te ajude a alcançar seus objetivos.
- ⚡ Anote as coisas que você já fez e que te dão orgulho.
- ⚡ Peça para as pessoas te descreverem em uma ou duas palavras. Anote tudo e pregue em algum lugar onde você veja todos os dias.
- ⚡ Fique na companhia de pessoas confiantes e felizes. Não se esqueça: essas vibrações são contagiantes. Com quem você anda faz diferença.

Mulheres têm a força

Apenas... MANDA VER!

A hora certa de começar é AGORA. Bom, *agora* agora não, porque antes você vai (assim espero) terminar de ler este livro. Mas, sério: você tem que se sentir à vontade para dar um tempo e ir à luta assim que se sentir pronta pra isso. Não precisa ser perfeita: não precisa nem saber o que está fazendo! Você é inteligente, vai descobrir o que fazer à medida que for fazendo. Pare de ficar aí sentada em cima dessa ideia e ponha as mãos na massa. A gente aprende e cresce ao longo do processo. Temos a sorte de viver em uma época em que existe uma quantidade infinita de informações, recursos e ajuda disponíveis.

Quando comecei a fazer o *Something was wrong*, eu não tinha – e não canso de bater nesta tecla – a menor ideia do que eu estava fazendo. Não entendia nada de como editar *podcasts*. Só que não deixei isso me impedir de tentar. Acreditei que a minha inteligência e paixão eram suficientes para me ajudar a descobrir como fazer, e eu tinha razão. Tive que começar do básico e ir melhorando. O Youtube e o Google eram meus melhores amigos e meio que ainda são. Sei que, a cada novo episódio que eu posto, estou investindo toda a minha paixão e o meu propósito.

PAUSA PARA O PROPÓSITO

Você está indo muito bem, amor!

Qual seria o seu propósito? O que dá um gás em sua paixão?

_____
_____
_____
_____

Em que área da sua vida você gostaria de se sentir mais confiante?

_____
_____
_____
_____

O que te motiva a alcançar seus objetivos?

_____
_____
_____
_____

CAPÍTULO 8

Presenteie-se com a autocompaixão

(e com umas flores, quem sabe)

> "A autocompaixão consiste em tratar a si mesmo com a mesma bondade, ter a mesma preocupação e oferecer o mesmo apoio que você dispensaria a um grande amigo. Quando deparar com dificuldades da vida ou confrontar erros, fracassos e inadequações pessoais, ter autocompaixão é responder com gentileza em vez de se julgar com rispidez, é reconhecer que a imperfeição faz parte da condição humana que todos compartilhamos."
>
> *Kristin Neff, no livro* Autocompaixão: pare de se torturar e deixe a insegurança para trás

> **Perdoar** (*verbo*) 1. Parar de guardar ressentimento em relação a alguém ou alguma coisa 2. Fazer as pazes com coisas pesadas para nos libertar
>
> **Generosidade** (*substantivo*) Ato ou ideal de ser altruísta, caridosa, atenciosa, ter o coração grande, acolhedor, não ser egoísta
>
> **Ressentimento** (*substantivo*) Desprazer, tristeza ou raiva que sentimos por causa de uma atitude, comentário ou pessoa que acreditamos ter nos ofendido ou magoado
>
> **Autocompaixão** (*substantivo*) 1. Perdão ou empatia por a nós mesmas. 2. Aceitar nossas imperfeições com amor

Parte do que nos impede de desenvolver todo o nosso potencial é a inabilidade de perdoar erros que *achamos* que cometemos no passado. Damos tanta importância à perfeição, ao sucesso (seja lá qual for nosso conceito disso) e às opiniões dos outros que ficamos com vergonha de tentar de novo.

Mas, quando examinamos a verdadeira definição de perdão, vemos que o principal significado é esquecer as experiências do passado que nos causaram danos emocionais ou vergonha. Às vezes, é mais difícil a gente perdoar a si mesma porque temos ressentimento em relação às próprias inseguranças e aos erros que *achamos* que cometemos no passado e deixamos de acreditar que podemos tomar decisões acertadas. Se você é sobrevivente de relacionamentos emocionalmente abusivos, pode ser ainda mais difícil acreditar em si mesma.

É por isso que a gratidão e a generosidade são tão importantes para combater a vergonha e o ressentimento. A gratidão ajuda a lembrar de todos os dons que já temos: destaca as oportunidades que tivemos, não os resultados. E se a gente tratasse a si mesma com a delicadeza com que trata os outros? Já imaginou o que seria capaz de conquistar se você se concedesse o perdão pelos arrependimentos e fracassos que acha que tem, de um jeito generoso, sem miséria? Você conquistaria uma tonelada de coisas incríveis.

• Presenteie-se com a autocompaixão •

Perdão é autocuidado

O perdão não é para quem nos magoou. O perdão existe para a gente poder virar a página – para o ressentimento parar de fervilhar dentro de nós. Bora nos perdoar como se não houvesse amanhã porque, no fim das contas, somos as únicas que sofrem com a falta de perdão.

Você nem precisa falar com a pessoa que é alvo do seu ressentimento para praticar esse ato de compaixão. Pode ser uma conversa entre você e você mesma, tomar essa decisão dentro de você. Acenda um incenso, queime todas as fotos do seu ou da sua ex, medite, quebre umas coisas, faça um diário – faça qualquer coisa que achar necessário para esse veneno poder evaporar. Se a gente quer mesmo alçar voo, precisa deixar para trás as coisas que nos puxam para baixo.

Travesseiros de penas abafam mais os gritos que os de poliéster

Na Bíblia está escrito que perguntaram para Jesus quantas vezes devemos perdoar, e ele respondeu setenta vezes sete. Quero que todos vocês saibam que eu tenho uma planilha, sempre atualizada.
Hillary Clinton, política, advogada e ex-primeira dama dos Estados Unidos

Amiga, tô ligada que perdoar é DIFÍCIL PRA CARAMBA – ainda mais quando se está tentando deixar para trás o ressentimento e a dor provocados pelas pessoas que abusaram da gente e nos magoaram (por quem a gente ama). Ainda bem que gostar do processo de perdoar não é um pré-requisito, e isso leva tempo, prática e paciência.

Às vezes, é uma questão de descobrir como você pode canalizar essa dor e esse ressentimento que vão sair de você. Tem quem goste de gritar com um travesseiro na cara, talvez você goste de fazer faxina para passar a raiva (idem) ou desopilar na academia – descubra o que vai te ajudar a pôr para fora esse ressentimento.

De acordo com a neuroanatomista Jill Bolte Taylor, a raiva deve durar apenas noventa segundos. NOVENTA... SEGUNDOS. Só de ler isso fiquei puta da vida por noventa e um segundos. Ela afirma que, se a nossa raiva dura mais do que um minuto e meio, é por que a gente está repassando a história na cabeça. E por que isso faz mal? Toda vez que isso acontece, a gente dá início ao ciclo reativo de novo. Com o tempo, reviver esses pensamentos dolorosos cria uma reação física negativa. O que não apenas perpetua o autodiálogo negativo e a mentalidade fatalista: a ansiedade física causa dor. Esse é mais um ótimo motivo para a gente fechar com o perdão e a gratidão: os dois literalmente nos impedem de infligir mal a nós mesmas. Para mim, meditar e comer trufas também ajuda.

Psicologia da positividade

A psicologia positiva é o estudo científico do florescer humano. Ciência da felicidade. É ou não é a coisa mais fofa do mundo? Tem gente de verdade que estuda todos os fatores que ajudam pessoas, organizações e comunidades a prosperar.

O doutor Martin E. P. Seligman, diretor do Centro de Psicologia Positiva da Universidade da Pensilvânia, afirma: "No nível do sujeito, o campo da psicologia positiva se relaciona com as experiências subjetivas de valor: bem-estar, contentamento e satisfação (em relação ao passado), esperança e otimismo (em relação ao futuro); e fluidez e felicidade (em relação ao presente). No nível do indivíduo, diz respeito às características positivas individuais: capacidade de amar, vocação, coragem, habilidades interpessoais, sensibilidade estética, perseverança, perdão, originalidade, foco no futuro, espiritualidade e bom senso". Bom, tipo, que merda tudo *isso* quer dizer? Uma ótima maneira de entender os conceitos da psicologia positiva é partir do modelo **PERMA** (em inglês), criado pelo doutor Seligman, que reúne cinco elementos do bem-estar e do pensamento positivo:

Emoção positiva. Prefira pensar de um jeito otimista e observar o seu passado, presente e futuro de uma perspectiva produtiva.

Engajamento. Quando você se engaja nas suas paixões, inunda o cérebro com neurotransmissores e hormônios positivos, que melhoram o humor e o bem-estar como um todo.

Relacionamento. Somos equipados para estabelecer conexões com outros seres humanos e prosperamos quando temos relacionamentos construídos com amor, intimidade e interações emocionais e físicas saudáveis.

Significado. Em inglês, *meaning*. Descobrir nosso propósito individual ajuda a encontrar significado e realização na vida. Isso pode acontecer por meio da fé, da carreira, da família, da expressão artística, dos esportes – qualquer coisa que faz de você você.

Realizações. Em inglês, *achievement*. Ter objetivos e conquistas na vida nos impulsiona a prosperar e florescer. Esses objetivos não precisam ser, tipo, ganhar uma medalha nas Olimpíadas. Podem ser algo simples, como aprender algo novo, fazer um curso ou participar de uma caminhada de cinco quilômetros.

Se você está lutando contra os pensamentos negativos, releia o modelo PERMA e veja se não poderia investir seu tempo e energia em uma ou duas das áreas acima. Se quiser saber mais, dê uma olhada na lista dos livros sobre psicologia positiva do doutor Seligman na seção *Referências,* no final do livro.

Dê ao mundo a dádiva da sua existência

A professora-doutora Brené Brown, pesquisadora da vergonha e deusa, é minha guru da vulnerabilidade. Já citei frases dela neste livro. Uma das minhas favoritas é: "Criar é fazer algo que ainda não existia. Não há nada mais vulnerável do que isso".

Quando a gente encara as nossas criações individuais e expressões do nosso eu como arte, realmente não há nada de mais pessoal. É por isso que se sentir constrangida e vulnerável são pré-requisitos para progredir e ser autêntica. Você tem que ser, descaradamente, a versão mais *você* de *você* que o universo já viu.

Esse ato de coragem que é ficar vulnerável ou se expor valoriza quem somos e celebra as pessoas à nossa volta. Então por que às vezes é tão difícil ser vulnerável? Expor o nosso eu verdadeiro é assustador por causa da vergonha, do ego, do perfeccionismo e do autodiálogo negativo. Não queremos correr o risco de que meia dúzia de pessoas não gostem da gente. Só que existem muitas outras que nos amam pelo que realmente somos.

Antes de eu lançar a primeira temporada de *Something was wrong*, o meu marido me sentou e falou: "Um monte de gente vai adorar o seu *podcast*, e algumas pessoas vão odiar. Quero que você se prepare para isso agora, para não ficar chateada depois, se acontecer mesmo". É claro que meu primeiro pensamento, sendo uma viciada em agradar todo mundo em recuperação, foi: "ESPERA AÍ, QUEM NÃO VAI GOSTAR DE MIM?! POR QUÊ?".

Só que eu sabia que o Michael tinha razão. Nem todo mundo vai gostar da gente. Tem aqueles que até vão nos odiar ou odiar os nossos valores e as nossas convicções. Provavelmente, não tem muito a ver com a gente. Não tem mesmo. Nem todo mundo é obrigado a gostar de nós. Uma pessoa que não gosta não diminui o nosso valor. Tem gente que não gosta nem de chocolate! Quando ficamos vulneráveis e permitimos que os outros vejam a nossa autoconfiança e o nosso verdadeiro eu, não apenas abrimos espaço para uma conexão mais profunda, mas respeitamos quem somos, o nosso propósito e a nossa perspectiva.

Às vezes, somos tão criticadas ou agredidas que paramos de acreditar em nossa visão da realidade. Um mecanismo de enfrentamento muito comum é passar a evitar situações de vulnerabilidade a todo custo, só para não ter que sentir essa vergonha. Esconder quem somos pode até evitar que a gente seja criticada, mas também nos impede de estabelecer relações verdadeiras.

• Presenteie-se com a autocompaixão •

Como o modelo PERMA destaca, as interações sociais são uma parte importante do nosso bem-estar positivo. De acordo com o *Observatório de Saúde da Mulher* de Harvard, "dezenas de estudos demonstraram que as pessoas que têm relacionamentos satisfatórios com a família, com os amigos e a comunidade em que estão inseridas são mais felizes, tem menos problemas de saúde e vivem mais".

Em sua conferência para o TED que viralizou, a psicóloga Susan Pinker defende que "contatos cara a cara liberam uma cascata de neurotransmissores que, como uma vacina, nos protegem agora, no momento presente, e também no futuro. Então, só apertar a mão de alguém ou fazer um 'toca aqui' já basta para liberar ocitocina, que aumenta o nível de autoconfiança e baixa os níveis de cortisol, o que reduz o estresse". E isso é muito incrível.

A GENTE VAI DAR UM JEITO

Cite uma coisa pela qual você precisa se perdoar:

_____
_____
_____
_____

Como você pode demonstrar mais compaixão por si mesma?

_____
_____
_____
_____

Quem dá aquela levantada no seu humor e te faz se sentir feliz?

_____
_____
_____
_____

SEJA sua própria PAIXÃO

CAPÍTULO 9

O seu cérebro é mentiroso

> "Você se ama na mesma medida que ensina os outros a te amarem."
>
> *Rupi Kaur, no livro* Milk and honey *[Leite e mel]*

Na aula de inglês, a professora me ensinou que existem diversos tipos de narrador, e que nem todos são confiáveis. É comum a gente se tornar a narradora não confiável da nossa própria história. Em 1981, o escritor William Riggan analisou os narradores não confiáveis em primeira pessoa e chegou às seguintes categorias:

O Pícaro. Narrador que se caracteriza pelo exagero e por se gabar, vulgo ego.

O Louco. Narrador que só vivencia mecanismos de defesa mental, tais como dissociação (pós-traumática) e autoalienação ou transtornos mentais sérios como esquizofrenia e transtorno delirante, vulgo saúde mental.

O Palhaço. Narrador que não leva o que está narrando a sério e brinca, de propósito, com as convenções, a verdade e as expectativas do leitor. Vulgo autossabotagem e procrastinação.

O Ingênuo. Narrador cujo ponto de vista oferece uma percepção imatura ou limitada. Vulgo nossa criança interior.

O Mentiroso. Narrador maduro que, em sã consciência e de propósito, cria uma representação errônea de si mesmo, normalmente para disfarçar condutas impróprias ou duvidosas que teve no passado. Vulgo síndrome do impostor.

Tá na hora de editar umas coisinhas...

Deixe o seu inconsciente entrar na sua nova realidade

Lembra daquele nosso amiguinho-e-rival, o HD inconsciente onde armazenamos todas as nossas experiências? É bem comum essa vozinha maldita ficar narrando um enredo falso a respeito de "quem a gente é", em boa parte da vida. É aí que a mentalidade fatalista, que faz parte do nosso inconsciente, empata nossa evolução. Ainda bem que, graças à mentalidade de crescimento, a gente pode editar a própria história (e dar um corte nos narradores pouco confiáveis) quando bem entender. Não é nenhum drama – é tipo um ÉPICO. Escolha a sua própria aventura com senso de humor e seja a heroína dessa história.

Mostre para o seu ego quem manda e meta as caras

Quando a gente reconhece quais são nossas oportunidades de crescimento, consegue preencher as lacunas e fazer ajustes para conquistar o sucesso. Mudanças verdadeiras são fruto da combinação de determinação com mudanças na rotina e de foco. A expressão "a mente domina o corpo" tem a ver com usar a força de vontade para superar dificuldades físicas e emocionais. É aí que entra a tal da postura "fingir até conseguir" (vamos falar dela no capítulo 11). Você não precisa estar 100% livre da síndrome do impostor, do autodiálogo negativo nem de nenhum outro dessas empata-fodas da sua produtividade para começar a investir nas suas paixões. Você só precisa começar.

ROLETA DA ROTINA

Todos temos nossos hábitos, e o tipo de hábito que a gente perpetua pode influenciar nossa saúde mental. Ter uma rotina é reconfortante porque nos possibilita cultivar hábitos que combinam com os nossos objetivos e as nossas aspirações.

EFEITOS COLATERAIS COMUNS DE NÃO TER ROTINA

Estresse. Não ter um planejamento nem uma rotina estruturada pode causar mais estresse, porque, sem ter um plano de ação, a gente se preocupa se vai conseguir "dar conta de tudo".

Insônia. Sem criar nem seguir horários, corremos o risco de estar sempre tentando compensar o prejuízo. A procrastinação e a ansiedade por ter que realizar as tarefas necessárias não nos deixa dormir à noite, o que só aumenta a exaustão e o sentimento de inadequação.

Mecanismos de enfrentamento prejudiciais. Ter um planejamento ajuda a evitar hábitos prejudiciais como comer mal, fumar, gastar além da conta, não se cuidar, criar conflitos, consumir cafeína em excesso, beber compulsivamente, ficar pensando sem parar ou evitar de pensar, autopunição, isolamento, sedentarismo etc.

Atualmente, como é a sua rotina semanal?

Segunda-feira

Terça-feira

Quarta-feira

Quinta-feira

Sexta-feira

Sábado

Domingo

Agora, reescreva a sua rotina, abrindo espaço para as suas paixões, autocuidado, relacionamentos e atingir seus objetivos. Sem pressão.

Segunda-feira _____
_____
_____

Terça-feira _____
_____
_____

Quarta-feira _____
_____
_____

Quinta-feira _____
_____
_____

Sexta-feira _____
_____
_____

Sábado _____
_____
_____

Domingo _____
_____
_____

Tchã-rãn! Você está pronta para começar sua nova rotina. Pode ser que tenha que fazer alguns ajustes na base da tentativa e erro, mas é simples assim. De verdade. Claro que a gente precisa ter flexibilidade quando surgem mudanças que impactam a nossa rotina, mas ter um plano e se ater a ele faz bem para a nossa saúde mental, promove hábitos mais saudáveis e nos faz chegar mais perto dos nossos objetivos.

Resolva essas merdas

Procrastinação é a perfeição em pele de cordeiro

> "Daqui a um ano, você vai se arrepender por não ter começado hoje."
>
> *Karen Lamb, escritora*

> **Ansiedade** (*substantivo*) 1. Sensação de inquietação na mente. 2. Dúvidas e negatividade descontroladas, frutos do medo, que distraem a gente
>
> **Medo** (*substantivo*) Emoção (real ou imaginária) perturbadora de pavor, perigo iminente, segurança comprometida, ameaças de dor, ferimento ou morte em potencial
>
> **Procrastinação** (*substantivo*) 1. Deixar de fazer coisas importantes fazendo coisas muito desimportantes. 2. Adiar o início de um projeto ou evento que é importante para nós, normalmente porque temos medo de ser imperfeitas

Aaaaah, a procrastinação, forma de autossabotagem número 1 na preferência geral. Por que a gente faz isso consigo mesma se sabe que não vai ajudar em nada? Quando examinei os motivos pelos quais procrastinamos, descobri que temos medo de cometer algum erro. Pensar que podemos cagar com algo profundamente importante para nós é capaz de nos congelar. O que não deixa de ser irônico porque é comum isso nos impedir completamente de avançar.

Talvez não seja a imperfeição que está te segurando. Talvez você esteja querendo escapar da vulnerabilidade. Você pode, apenas, estar acabada ou com preguiça. Seja lá qual for o motivo, a procrastinação não ajuda em nada.

Mande o perfeccionismo e a procrastinação ir catar coquinho

Por acaso você já ficou sentada em cima de uma grande ideia ou de um projeto e não conseguiu pôr em prática porque ficou ansiosa ou não sabia por onde começar? Eu também. Às vezes, demora, e é preciso ter paciência para deixar o medo de lado e dar o próximo passo. Tem hora que dar esse salto é agoniante, mas a gente não cresce se não se sentir constrangida. A hora certa não vai estar reservada na sua agenda. Você é que tem que fazer essa hora.

• Procrastinação é a perfeição em pele de cordeiro •

DICAS PARA EVITAR A PROCRASTINAÇÃO

- ⚡ Criar um cronograma e cumprir.
- ⚡ Estabelecer prazos para si mesma.
- ⚡ Trabalhar em lugar que você consiga ficar livre de distrações e interrupções.
- ⚡ Programar lembretes no celular ou escrever e deixar em um lugar visível, que você vê todos os dias.
- ⚡ Pedir para alguém te cobrar. Na verdade, permitir que alguém te cobre.
- ⚡ Fazer as coisas, um dia por vez.
- ⚡ Programar pausas e se comprometer a trabalhar em períodos de tempo determinados.
- ⚡ Começar pela parte do trabalho que mais causa ansiedade. É raro as coisas serem tão difíceis quanto a gente imagina.

O medo é um buraco negro que suga nosso tempo

Aprendi ao longo dos anos que, quando alguém está decidido, não tem tanto medo: saber o que é preciso fazer acaba com o medo.
Rosa Parks, ativista dos Direitos Civis

Eu já ouvi dizer que depressão é reviver o passado e ansiedade é viver no futuro. O medo é uma construção mental que encerra a gente dentro de uma mentalidade fatalista a respeito de coisas que nem aconteceram ainda. Tentar prever o futuro e os seus desdobramentos é infrutífero e exaustivo. A ansiedade e o medo fazem a gente desperdiçar tempo e a energia que poderia ser canalizada para nós e para nossos objetivos. Também não nos ajudam a prever os desdobramentos da vida. Você só vai saber se der o primeiro passo. Então, a menos que o seu objetivo de vida seja ser vidente, mande o medo cair fora!

JEITOS DE FAZER O MEDO, ESSE CANALHA, TE OBEDECER

Converse com alguém sobre porque o medo está te segurando. Pode ser um(a) amigo(a) ou mentor(a), mas recomendo muito conversar com um(a) terapeuta ou psicólogo(a), se você puder. Certifique-se de que é alguém em quem você confia e sente que vai conseguir ser 100% sincera a respeito do que está te segurando.

Crie um plano de ação. Dar o primeiro passo pode ser assustador para algumas pessoas – na boa! Faça uma lista de pequenas coisas que você pode fazer por dia para chegar mais perto do seu objetivo. Mais planos de ação efetivos virão.

Dê uma puta animada. Encontre um jeito de ficar empolgada! Eu adoro fazer *playlists* e acho que a música realmente me ajuda a me concentrar ou a ter mais vontade de trabalhar, dependendo do momento.

Invista em si mesma. Se, em parte, você está insegura porque acha que não tem conhecimento suficiente para dar o primeiro passo, comece dedicando um tempo à sua educação. Pode ser um curso, livro, diploma ou o que mais você achar adequado.

Levante essa bunda linda

Sim, relaxar é uma delícia (tipo, muito delícia, para ser sincera). Mas, às vezes, o autocuidado se transforma em... cuidado alto lá! Tem horas que a gente precisa se obrigar a levantar a bunda do sofá, porque está sentada há tanto tempo que dá até para usar a almofada de molde para fazer uma versão em cerâmica da sua bunda. Todas nós já passamos por isso.

Não devemos usar o autocuidado como desculpa para não fazer o que é prioridade. Eu costumo entrar nessas quando faz tempo que não tiro um dia de folga e estou exaustíssima. E aí eu vou para o outro extremo:

completa inação. Ainda estou tentando encontrar o equilíbrio entre o trabalho e a minha vida pessoal. E, na real, é só isso que a gente pode fazer: continuar tentando.

DICAS PARA EQUILIBRAR TRABALHO EM EXCESSO VERSUS PROCRASTINAÇÃO DISFARÇADA DE AUTOCUIDADO

- Reserve tempo na sua agenda/rotina para trabalhar e se divertir.
- Recompense a si mesma por ter completado todas as tarefas da sua lista com um gesto de autocuidado.
- Diga "não" para tudo o que não é essencial: marcar compromissos demais porque você não quer dizer "não" para nada/ninguém não é uma atitude altruísta, é burrice.
- Se a sua saúde mental te impede de cuidar de você mesma adequadamente, pense em fazer uma lista diária de autocuidados para poder se cobrar. Você merece ter tempo para tomar banho e limpar a bunda, como qualquer pessoa.
- Inclua hábitos saudáveis na sua rotina de autocuidados, como sair para caminhar, meditar, encontrar amigos(as), dormir um pouco a mais, praticar frases afirmativas, escrever no seu diário, tomar banho etc.
- Dê um jeito de reservar um dia da semana para não fazer planos desnecessários. No meu caso, é o domingo. Claro que, de vez em quando, alguma coisa aparece, mas normalmente eu e a minha família nos comprometemos a ficar juntos no domingo.

A paixão é o antídoto para a procrastinação

É o seguinte: qualquer um pode fazer planos para ir atrás de seus sonhos ou pôr em prática um projeto paralelo. Mas, sem paixão, é extremamente difícil encontrar a determinação necessária para terminar o que você precisa fazer e ir adiante. Paixão é o ingrediente nem tão secreto absolutamente indispensável – e, se você comprou esse livro, tenho certeza de que tem muitas paixões na vida nas quais vale a pena investir.

Quando eu estava editando a primeira temporada de *Something was wrong*, trabalhava quarenta horas por semana no meu emprego e cuidava dos meus três filhos. Tive que sacrificar os fins de semana (que, normalmente, eram a minha única folga) por meses a fio para trabalhar no *podcast*. Como eu sabia que não tinha ideia do que estava fazendo, precisei calcular o tempo de cada processo para mais. Tive que me permitir reservar o tempo e o espaço necessários para eu me dar bem. Antes de começar a trabalhar nos fins de semana, sentei com o meu marido e expliquei os meus objetivos e que tipo de apoio eu precisaria ter dele para conseguir alcançá-los. Ainda bem que o Michael me incentivou e abraçou o papel de pai solo e várias outras tarefas de casa durante essa época, para eu conseguir focar toda a minha atenção no projeto. E ainda por cima, ele tinha coragem de levar os nossos filhos às festinhas de criança sozinho. Nem todos os heróis usam capa.

Mas vou dar a real: você acha que eu quero trabalhar nos fins de semana pelo resto da minha vida? Claro que não, caramba! É uma época de correria por um bem maior. Às vezes, a gente precisa simplesmente baixar a cabeça e trabalhar, criar um plano realista, fazer um cronograma, continuar firme quando precisa e usar cada minuto de forma produtiva. Você pode ficar no Instagram depois, quando estiver cagando. Juro que o corte de cabelo da Susan pode esperar.

OK. MAS E SE EU *NÃO SOUBER* QUAIS SÃO AS MINHAS PAIXÕES?

Para algumas pessoas, as paixões não vêm "naturalmente". Ou talvez você tenha tantas que é difícil escolher algumas. Ainda bem que pesquisas recentes da Universidade de Stanford sugerem que é possível cultivar paixões. Paul O'Keefe e outros psicólogos estudaram se os interesses são qualidades fixas que ocorrem naturalmente ou ficam lá, só esperando serem descobertos. A boa notícia é que, pelo jeito, as duas alternativas são válidas. Para algumas pessoas, a paixão vem sem esforço, mas outras precisam de um tempo, precisam adotar a mentalidade de crescimento e estudar para desenvolver as suas paixões completamente. Não faz diferença se a sua paixão é natural ou "cultivada". Não é isso que determina o resultado: só o seu esforço é capaz de fazer isso.

IDENTIFIQUE AS BARREIRAS E TAQUE FOGO NELAS

A gente já identificou um monte de obstáculos que nos impedem de ir além. Agora chegou a hora de ser sincera e pôr todos eles no papel.

O que já te impediu de tentar seguir a sua paixão ou de atingir os seus objetivos?

_____
_____
_____
_____
_____

Como você vai reduzir essas barreiras a cinzas e ir atrás do que quer?

_____
_____
_____
_____
_____
_____

Cite duas coisas que você vai fazer ESTA SEMANA para chegar mais perto de atingir os seus objetivos:

(Exemplos: mandar aquele e-mail, escrever aquele orçamento para um trabalho, pedir aumento, convidar alguém para ser seu(sua) mentor(a), dar início a um plano de ação etc.)

1. _____

_____

_____

_____

2. _____

_____

_____

_____

O que já te impediu de tentar seguir a sua paixão ou de atingir os seus objetivos?

_____

_____

_____

_____

_____

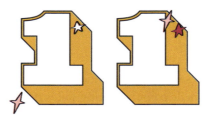

Este é o sinal que você estava esperando

"A sua voz interior é o seu guia. Pode segui-la"
Anamika Mishra, escritora e palestrante motivacional

> **Hábito** (*substantivo*) Padrão de escolhas que fazemos conscientemente e inconscientemente ao longo da vida
>
> **Sinal** (*substantivo*) 1. Qualquer lugar, pessoa, coisa, ação, evento ou padrão que, na nossa interpretação, tem um significado que vai além do originalmente previsto 2. Indicação, pista ou indício que aparece na vida e nos passa a sensação de que tem um significado a mais

Se a gente ficar só sentada, esperando algum sinal mágico do universo de que está na hora de começar a lutar pelos nossos objetivos, só vai perder tempo (muito tempo). Em vez disso, podemos ouvir aquela voz interior e correr atrás das nossas conquistas pra valer.

É comum, antes de darmos o primeiro passo, os nossos pensamentos criarem desdobramentos loucos dos nossos maiores medos, que nos enchem de ansiedade, tipo coisa de novela. Ou o nosso ego criar expectativas gigantescas, que são completamente fora da realidade, que já são meio caminho andado para o fracasso (ou para o que, na nossa cabeça, é um fracasso). A gente se pressiona demais.

Em última instância, o trabalho começa quando a gente resolve trabalhar. Hoje pode ser o primeiro dia da sua aventura e o último dos seus maus hábitos. Temos controle sobre o caminho que trilhamos e sobre como resolvemos começar e terminar os nossos esforços. Abrace o amor-próprio e a compaixão, trace um bom plano e bora resolver essa merda.

Fingir até reunir (forças)

Faço uma coisa estranha quando estou nervosa, jogo a cabeça pra trás como se fosse superautoconfiante. Essa é minha tentativa de adotar a postura fingir até conseguir ou, no mínimo, facilitar para quem quiser cortar minha garganta.
Amy Poehler, no livro **Yes Please** [Sim, por favor]

> **Fingir até conseguir** (*aforismo*) Expressão do inglês que foi popularizada em português em livros de autoajuda. Implica que, se fingirmos ter competência, autoconfiança e uma mentalidade de crescimento otimista, podemos conquistar os resultados que desejamos com tempo, experiência e prática

Ninguém acorda um dia e, do nada, tem capacidade de criar obras de arte, música, fotos, *podcasts*, filmes ou textos – as pessoas vão lá e fazem. Para mim, autenticidade é uma das coisas mais importantes da vida. Só que, de vez em quando, a gente tem que fingir até conseguir. Pessoalmente, acho que esse mantra devia ser "ter fé até conseguir". Não se trata de agir com falsidade nem deixar de ser autêntica: é ter fé que, se a gente tentar, uma hora vai conseguir. Isso não faz de você uma impostora: faz de você um projeto em andamento.

Se você tem dificuldade de acreditar na sua capacidade, *observe* esses sentimentos em vez de permitir que as suas emoções levem a melhor. Pergunte-se: Por que estou me sentindo assim? O que me faz acreditar que não sou capaz de fazer isso? Quais são os fatos? E se outra coisa estiver pondo em xeque o que já conquistei? Você vai descobrir que, observando a verdade (*versus* o que você acha que é verdade), pode mudar de perspectiva.

JEITOS DE SE CONVENCER DE QUE VOCÊ ATÉ SABE O QUE ESTÁ FAZENDO

Conheça o trabalho de quem já fez isso. Inspire-se nos casos de sucesso e nas oportunidades de crescimento das pessoas que já conquistaram o que você está sonhando conquistar. Não se esqueça de sempre refletir a sua perspectiva única das coisas na sua arte.

Treine até passar mal. Sinta-se realmente à vontade com tudo o que te dá mais medo em relação a investir em suas paixões. Quando você derrubar as suas maiores limitações, vai saber que é capaz de tudo.

Encontre a sua turma. Conecte-se com outras pessoas que já estão trabalhando na área que te deixa entusiasmada. Aprenda com os erros dos outros. Talvez tenha que pagar por uma consultoria, mas normalmente o conhecimento e as ideias que você ganha economizam muito tempo e dinheiro a longo prazo.

Estude. Poucas coisas na vida são tão valiosas quanto o velho e bom conhecimento. Leia todos os livros. Ouça todos os *podcasts*. Dê um Google em tudo e assista a todos os tutoriais do YouTube. Torne-se especialista na sua arte. Quanto mais você souber, mais vai crescer.

Visualize o seu sucesso. Tente fechar os olhos e visualizar resultados positivos. Digamos que você quer aprender a virar estrelinha. Ficar repassando na cabeça todas as vezes que você tentou e não conseguiu não vai te fazer acreditar na sua habilidade de mexer direito esse corpinho. Mas, se você fechar os olhos e se imaginar virando a estrelinha, muda a sua energia e abre a cabeça para resultados positivos. É uma mudança simples que tem um grande impacto quando o assunto é ir atrás dos nossos sonhos. Quando a mente controla o corpo, bom, tudo fica sob controle.

Cuide bem dessa sua bunda. Dar prioridade à sua higiene pessoal e mental é extremamente importante para manter e melhorar o seu humor. Reserve tempo para se exercitar, para quem você ama e para descansar.

Jogue esses maus hábitos no lixo de uma vez por todas

De acordo com o escritor Robert Taibbi, especialista em terapia cognitiva comportamental, eliminar maus hábitos não é uma questão de parar, mas de substituir. Então, em vez de ficar pensando em como parar de fazer alguma coisa, a gente, na verdade, precisa encontrar um comportamento positivo para substituir essa coisa.

COMO SUBSTITUIR MAUS HÁBITOS

> **Gatilho** (*substantivo*) Pessoas, palavras, imagens, sons, situações ou qualquer outra coisa que te faça reviver instantaneamente um trauma ou algo que te faz mal

1. **Defina o comportamento concreto que você quer mudar ou desenvolver.** Escreva um hábito específico que você gostaria de substituir na sua rotina.
2. **Identifique os gatilhos.** Pare para refletir o que te influencia a tomar certas decisões. Pensar antes de agir ajuda a enfrentar os maus hábitos antes que se manifestem.
3. **Elimine os gatilhos.** Elimine gatilhos no seu ambiente, evite-os ao máximo.
4. **Desenvolva um plano de substituição.** Prepare um substituto para seu hábito. Por exemplo: se você rói as unhas quando está ansiosa, tente ter por perto uma daquelas bolinhas

antiestresse, chiclete ou alguma outra coisa que você pode usar para liberar essa energia que te causa inquietação.

5. **Mude o padrão mais amplo.** Avalie a sua rotina e as suas escolhas diárias de uma perspectiva mais abrangente. Ao examinar os padrões mais amplos do seu comportamento, fica mais fácil atacar o hábito principal. Isso também ajuda a treinar sua força de vontade com comportamentos menores e mais simples que rompem com o padrão. E pode aumentar o seu senso de empoderamento.

6. **Use incentivos.** Planejamento e autoconsciência ajudam a garantir o sucesso. Utilize lembretes concretos ou anotações na sua agenda/alertas do celular.

7. **Consiga apoio.** Encontre alguém para servir de parceiro(a) de compromisso, que pode te ajudar a ter sucesso porque te incentiva ou sabe como se livrar desse hábito.

8. **Se dê apoio e recompensas.** Premie a si mesma quando conquistar objetivos menores dentro de suas ambições maiores. Por exemplo: se o seu mau hábito é gastar demais comprando café no *drive-thru*, se dê de prêmio, depois de economizar por duas semanas, fazer as unhas ou algum outro tipo de autocuidado.

9. **Seja persistente e paciente.** Encare um dia por vez. Você vai errar: seja compreensiva consigo mesma.

10. **Considere a possibilidade de buscar ajuda profissional.** Se, mesmo assim, você ainda se sentir sobrecarregada ou achar que precisa de um apoio extra, considere a possibilidade de conversar com um(a) terapeuta ou frequentar um grupo de apoio específico para o seu problema.

COMPROMETA-SE A LARGAR ESSE MAU HÁBITO

Quais são os maus hábitos que você quer eliminar?

_____
_____
_____
_____

Que outros hábitos podem substituir esses comportamentos?

_____
_____
_____
_____

Como você vai se responsabilizar por isso?

_____
_____
_____
_____

Caraaaaaaaamba, chegamos à parte III! Agora que já discutimos as coisas ruins que nos impedem de desenvolver todo o nosso potencial, está na hora de pôr as mãos na massa. Internalizar as nossas vitórias é importante, por isso vamos comemorar o trabalho que você começou a fazer em si mesma. Manda bala, garota!

Quando fui atrás da minha paixão, tive que investir muito tempo e muita energia nisso. Tive que encontrar um espaço na minha agenda que já não estivesse tomado por todos os meus demais compromissos e aproveitar esse tempo ao máximo. Estabeleci objetivos e prazos e assumi a responsabilidade de cumpri-los.

Depois que superei a ansiedade, o medo de fazer merda e parei de pensar em como tudo ia ser difícil, consegui me soltar e me divertir ao longo do processo. Decidi que, mesmo que ninguém mais ligasse para a arte que eu criei, saber que eu tinha conseguido realizar algo que minha cabeça tinha concebido já seria suficiente. Tinha certeza de que jamais me arrependeria de ter feito essa promessa para mim mesma.

Na real, acho que é aí que a gente sabe que está trabalhando "onde deveria": quando a gente torce para ter os melhores resultados, mas gosta tanto da aventura que se sente bem-sucedida por dentro, haja o que houver. Eu estava em um ponto muito baixo da vida quando resolvi fazer certas mudanças e começar meu *podcast*. A jornada de estabelecer objetivos, cumprir as promessas que fiz a mim mesma, trabalhar com outras pessoas e ver o produto final foi uma coisa extremamente terapêutica para mim e deu um gás na minha autoconfiança.

A gente pode sonhar e ficar fantasiando. Ou pode ir atrás e ver nossos sonhos virarem realidade. A gente é que decide. Bora estalar os dedos e se hidratar, gatas – tá na hora de mandar ver.

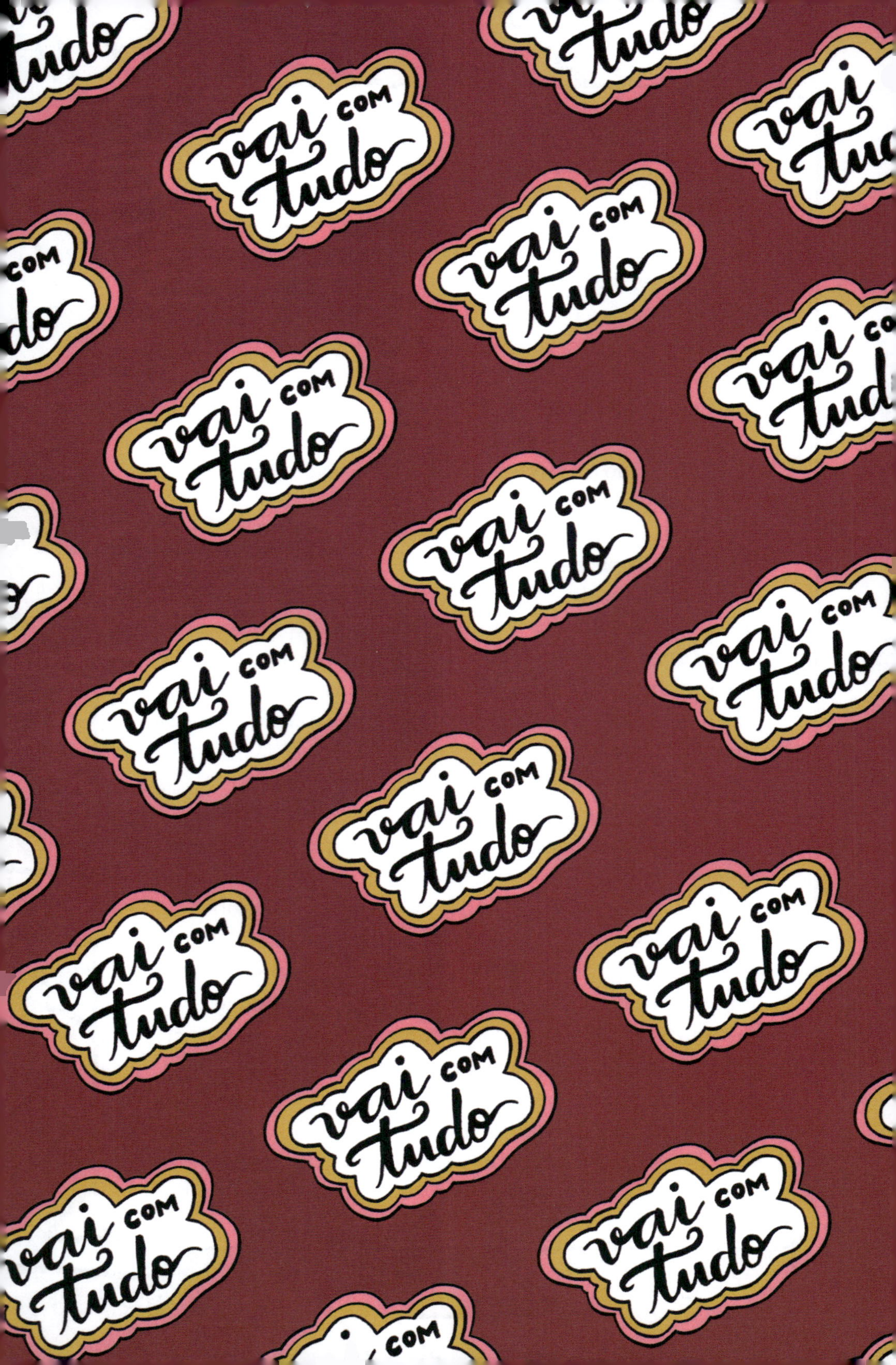
vai com tudo

CAPÍTULO 12

Assuma o compromisso de fracassar mais cedo

"Você pode enfrentar muitas derrotas, mas não deve se sentir derrotado. Na verdade, pode até ser necessário enfrentar derrotas para que você possa saber quem você é, o que é capaz de superar e como, apesar de tudo, pode se levantar."

Maya Angelou, poeta, memorialista e ativista dos direitos civis

> **Comprometer-se** (*verbo*) Prometer realizar uma ação
>
> **Fracasso** (*substantivo*) Resultado que consideramos malsucedido, sem propósito ou que não nos traz crescimento
>
> **Sucesso** (*substantivo*) 1. Resultado desejado dos nossos esforços 2. Alcançar os objetivos esperados

Na era das redes sociais, é fácil pensar que o sucesso aparece por um passe de mágica, da noite para o dia, do mesmo jeito que surge no seu *feed*. Só que, nas fotos dos perfis das pessoas que a gente admira, não vemos o suor, sacrifício, os palavrões, soluços nem o que deu errado antes disso.

Podemos escolher ter coragem e podemos escolher continuar na zona de conforto. As conquistas são alcançadas com muito trabalho duro e persistência, o que não raro inclui fracassos. O antônimo de sucesso não é fracasso: é desistir.

Crie objetivos SMART

Você não é sem graça, e seus objetivos também não devem ser.

> **Objetivos SMART** (*substantivo*) SMART é um acrônimo que, em inglês, significa "inteligente". Na língua original, é formado pelas expressões **E**SPECÍFICO, **M**ENSURÁVEL, **A**LCANÇÁVEL, **R**ELEVANTE e delimitado em um recorte de **T**EMPO. É uma técnica que vem da administração de empresas. Um objetivo SMART incorpora todos esses critérios e ajuda a concentrar os seus esforços e melhorar suas chances de alcançar esse objetivo

Usar o método dos objetivos SMART evita que você tenha pontos cegos e ajuda a criar objetivos práticos e garantir o sucesso.

COMO CRIAR OBJETIVOS SMART

Seja específica. Ter clareza de quais são os seus objetivos é fundamental. O que você quer conquistar? Por que esse objetivo é importante? Quem mais está envolvido? Que recursos ou ajuda você vai precisar?

Escolha algo que dê para medir. Ter como acompanhar o seu progresso não só motiva, mas ajuda a prever as necessidades futuras para continuar alcançando esse objetivo e os que estão por vir. Em vez de dizer "Meu objetivo é meditar mais", diga "Meu objetivo para esta semana é meditar três vezes".
No fim da semana, você vai saber exatamente como avaliar se o objetivo foi cumprido ou não.

Tenha certeza de que é alcançável. Nossos objetivos devem nos motivar a superar nossas capacidades, mas também precisam ser possíveis de alcançar. Subdividida o seu plano mais amplo em tarefas menores, mais fáceis de digerir e realizáveis. Se o seu projeto requer recursos financeiros, por exemplo, faça um orçamento antes de começar.

Confirme se é relevante. Esse passo consiste em estabelecer objetivos que são importantes para você e ter certeza de que estão alinhados com o seu propósito maior. Na dúvida, pergunte "Isso vai trazer algum resultado para o projeto?".
Se a resposta for "não", não perca tempo com isso.

Estabeleça prazos. Utilize objetivos a curto prazo para construir o seu sucesso a longo prazo. O que você quer e precisa realizar hoje, esta semana, este mês? Se a gente não consegue se obrigar a cumprir nossos próprios prazos, ninguém mais vai conseguir.

Mulheres têm a força

Tenha coragem de mandar muito mal em algo novo

> *Somos criaturas avessas a correr riscos, não? Ficamos que nem tartarugas, escondidas dentro do nosso casco, tentando nos proteger – e nunca nos damos conta de que, quando nos protegemos das coisas ruins, estamos nos protegendo das coisas boas também.*
> Debbie Johnson, escritora e poeta

> **Mudança** (*substantivo*) Sensação ou descrição de algo novo, desconhecido e/ou em desenvolvimento. Algo diferente da sua forma original
>
> **Desconforto** (*substantivo*) Falta de conforto, não se sentir à vontade. Por exemplo: a sensação que eu tenho quando cago em banheiros públicos

Sair da nossa zona de conforto é libertador, mas cansa... O medo do desconhecido pode até intimidar, mas enfrentá-lo é preciso para que as mudanças positivas possam acontecer. Quantas coisas incríveis já aconteceram na sua vida por que você aceitou mudanças ou experimentou coisas novas?

O que você está buscando não importa: o fundamental é manter a mente aberta, focada na evolução e não na perfeição. Comece recebendo a mudança de braços abertos: encare coisas novas como sinônimo de coisas boas. A verdadeira evolução surge quando você se mantém flexível e resiliente.

• Assuma o compromisso de fracassar mais cedo •

Seja iniciante sem medo de ser feliz

Quem aqui já se sentiu irritada, envergonhada ou derrotada porque, na primeira vez que tentou fazer algo, não saiu perfeito? Presente. Esses sentimentos negativos surgem da vergonha, frustração, do convencimento e/ou ego. Por que é que temos a expectativa de saber fazer algo que LITERALMENTE NUNCA FIZEMOS NA VIDA? As expectativas fazem diferença.

Ao empregar a mentalidade de crescimento e o método dos objetivos SMART, você pode criar um plano de ação que amplie os seus atuais conhecimentos e a sua experiência. À medida que for investindo na melhora do seu desempenho, os seus objetivos vão evoluir naturalmente, junto com você. Pode crer.

Se jogue na ação

> **Plano de ação** (*substantivo*) Planejamento detalhado de todas as ações necessárias para alcançar um objetivo

Planos de ação ajudam a criar uma estratégia passo a passo para realizar as tarefas que vão nos permitir alcançar os nossos objetivos. Pense no seu plano de ação como se fosse um mapa, que vai te guiar durante essa aventura. Esse plano ajuda a programar o futuro, a garantir o seu sucesso e a prever possíveis dificuldades.

COMO FAZER UM PLANO DE AÇÃO INCRÍVEL

Determine objetivos SMART. Use o método SMART que expliquei para traçar os seus objetivos.

Estipule pontos de referência. Dentro do projeto mais amplo, crie pontos de referência, que vão servir de parâmetro para o andamento da caminhada. Podem ser prazos ou tarefas.

Faça listas de tarefas. Para cada objetivo SMART, faça uma lista de tarefas que você tem que realizar.

Fixe datas de vencimento para você mesma. Estabeleça prazos e não deixe de cumpri-los. Você é a sua chefe: seja durona.

Defina prioridades sem dó. Pense bem na ordem em que tem que realizar as suas tarefas.

Verifique quais serão os recursos e materiais necessários. Identifique o que você vai precisar em termos de ferramentas, materiais, referências, cursos, equipamentos e recursos financeiros. Se tiver que estabelecer um plano para adquirir todas essas coisas, faça uma lista.

Faça um orçamento. Você pode precisar investir em equipamentos e outros recursos para realizar suas conquistas. É por isso que pôr um orçamento no papel é tão importante para estabelecer objetivos SMART realistas.

Programe o seu tempo. Criar listas e planos é inútil se você

não segui-los. Como a vida é corrida, é preciso estabelecer um horário do dia ou da semana para executar o plano. Tempo não é uma coisa que simplesmente aparece: a gente é que cria.
E eu também sou dessas que põe muita fé no descanso. Não esqueça de reservar um tempinho para descansar a mente e recuperar as energias.

Cobre resultados de si mesma. Não faz o menor sentido traçar um plano de ação se não for para realizar. Programe na agenda momentos específicos do dia e da semana para checar e avaliar o seu progresso.

PENSE SMART

Chegou a hora de praticar e estabelecer os seus próprios objetivos SMART. Tem que ser um objetivo de verdade, no qual você vai se concentrar para realizar esta semana, este mês ou este ano.

Específico: Qual é o seu objetivo principal? Seja o mais precisa possível.

_____
_____
_____
_____

Mensurável: Como você vai avaliar se atingiu ou não esse objetivo?

_____
_____
_____
_____

Alcançável: Alguma coisa pode te impedir de chegar a esse ponto? Que dificuldades você prevê?

_____
_____
_____
_____

Relevante: Como esse primeiro passo se relaciona com sua visão mais ampla da vida?

_____
_____
_____
_____

Limite de tempo: Quando você vai alcançar esse objetivo? Seja o mais específica possível.

_____
_____
_____
_____

Priorizar: taí um troço urgente!

Uma das coisas que aprendi é que, se nós não assumimos o controle do nosso tempo e da nossa vida, os outros engolem tudo. Se você não dá prioridade a si mesma, vai caindo cada vez mais de posição na sua lista de coisas a fazer, os seus filhos vão caindo cada vez mais de posição na lista.
Michelle Obama, advogada, escritora, produtora
e ex-primeira dama dos Estados Unidos

| **Priorizar** (*verbo*) Determinar o que é mais urgente e importante

OK, *tem* coisa que é urgente. Mas tem outras não merecem o nosso tempo. E, como o tempo é um recurso altamente não renovável, a gente tem que pensar muito bem como gasta. Priorizar, no fim das contas, é gerenciar o tempo. O seu dia e o da Beyoncé têm o mesmo número de horas – gaste-as com bom senso. Quer dizer, nem todas nós temos os mesmos recursos que a Beyoncé tem. Mas, de vez em quando, a gente tem que pensar grande.

COMO PRIORIZAR COM LIDERANÇA

- Trace e siga o seu plano de ação. Olha ela, toda metida, tem plano de ação e tudo!
- Organize a sua lista de tarefas de acordo com os seus prazos.
- Dedique-se aos projetos mais complicados no começo do dia, quando você está mais descansada.
- Diga "não" a tudo que não tem a ver com o seu trabalho/seus objetivos. Reservar um tempo para a família é uma coisa: dizer que não vai participar do novo clube de leitura da Suzy é outra, bem diferente. Antes de assumir compromissos, considere o impacto que terão nos seus sonhos.
- Saia do celular e das redes sociais. Programe pausas. São esses os momentos em que você vai se permitir entrar nas redes e só ficar curtindo, por um período determinado.

⚡ Use alarmes, *timers*, relógios, agendas, QUALQUER COISA que te ajude a ter noção do tempo. Eu uso os alarmes do iPhone, para não ter que ficar toda hora olhando para o celular só para saber que horas são.

Vire mestra em equilíbrio

Não fique tão ocupada ganhando a vida ao ponto de esquecer de viver a vida.
Dolly Parton, cantora

> **Equilíbrio** (*substantivo*) Igualdade ou equivalência de pesos, medidas, períodos ou emoções

Encontrar o equilíbrio entre trabalho, as nossas paixões, diversão, família, amigos e descanso é um processo em constante evolução. Se a gente não consegue encontrar essa harmonia, quando menos vê, está exausta e/ou desanimada.

Talvez você tenha que tentar várias vezes até encontrar a fórmula certa da vida. E aí a vida muda, e a gente tem que começar tudo de novo. Ter flexibilidade ajuda a encontrar o equilíbrio e a administrar as nossas expectativas.

Não se esqueça de incluir tempo na sua agenda para interagir com as pessoas e descansar. Acontece muito de a gente achar que não precisa disso ou que pode sacrificar essas duas coisas porque não são essenciais. Isolamento, excesso de compromissos e exaustão acabam cobrando o seu preço quando não priorizamos o equilíbrio.

TODO TROPEÇO É UM PASSO PARA O RECOMEÇO

Alcançar o sucesso requer paixão, determinação e resiliência. Vamos errar. Vamos desabar. Vamos ter que transformar a dor e as adversidades em combustível para atingir aquele propósito que acende a nossa paixão. Se tudo der errado, aprenda a dar risada de si mesma e a não se levar muito a sério.

    Atingir os seus objetivos requer um compromisso constante com a flexibilidade, a autocompaixão e – adivinhou – com a mentalidade de crescimento. Você dá conta. E, mesmo que não der, você dá conta.

Como você pode gerenciar melhor o seu tempo?

_____
_____
_____
_____

Quais são suas principais prioridades neste momento?

_____
_____
_____
_____

desapegue e **Voe Alto**

Capítulo 13

Dinheiro é uma ferramenta, não uma identidade

> "Não pense que o dinheiro faz tudo, se não vai acabar fazendo tudo por dinheiro."
>
> Autor desconhecido

> **Abundância** (*substantivo*) Ter mais do que o necessário de um sentimento, objetos, riquezas ou atitudes
>
> **Mentalidade financeira** (*substantivo*) 1. Postura em relação às próprias finanças e habilidades financeiras 2. Influência exercida na tomada de decisões financeiras fundamentais
>
> **Escassez** (*substantivo*) Falta ou estoque reduzido de algo. Insuficiência ou inconstância
>
> **Riqueza** (*substantivo*) 1. Excesso de dinheiro ou coisas valiosas 2. Abundância de qualquer coisa

Quando a gente tenta medir o sucesso só pelos ganhos financeiros, é bem provável que nunca fique satisfeita. Claro, dinheiro é ótimo e ajuda a sobreviver, mas não é tudo.

Durante o meu primeiro ano de *blog* (na era pré-*influencers* e pré-*VSCO girls*), não ganhei dinheiro nenhum. Ainda bem que eu tinha custos muito irrisórios (porque eu e a minha família, em termos de grana, estávamos vivendo mês a mês). O principal recurso que eu investia no meu projeto era tempo. Estava na fase lavar pratos da minha correria e não recusei parceria com nenhuma marca, mesmo que, em troca, só recebesse coisas de graça e não dinheiro.

Assim que o meu público aumentou, e tive certeza de que estava oferecendo um conteúdo exclusivo e de qualidade, pude estabelecer um preço correspondente e assinar contratos pagos.

Depois que consegui chegar a esse ponto, não aceitei mais trabalho não remunerado. É importante ter autoconsciência não só em relação à qualidade e ao valor do seu trabalho, mas também em relação aos valores praticados no mercado e aos custos envolvidos. Resumindo: não pense pequeno quando estiver começando. Às vezes, a gente tem que trabalhar de graça para conseguir ganhar mais dinheiro depois.

Toda fonte de renda criativa que eu construí cresceu a partir de orçamentos minúsculos. Eu não tinha dinheiro para comprar uma câmera cara nem Photoshop quando comecei o meu *blog* de moda. Acreditei que a minha perspectiva era única e tinha valor em si. Ainda bem que eu estava certa. Toda correria tem épocas e épocas – aproveite bem cada uma delas.

Comece com o que você realmente tem (abundância é uma coisa incrível!)

No capítulo 5, conversamos sobre ter uma mentalidade de abundância: acreditar que existe riqueza, prestígio e felicidade para todo mundo. Isso inclui você! Pode ser tão desolador quando a gente está sem grana, com dificuldade para garantir as necessidades básicas… Eu entendo. Já morei no carro. Já tive que frequentar lugares que doam comida. É apavorante e, de vez em quando, debilitante. Nessas horas, é difícil ver uma saída. Quando a minha situação melhorou, aprendi a valorizar muito mais o que tenho, com toda a certeza.

Não me entenda mal: não há nada de errado com o dinheiro. Eu adoraria nadar em uma piscina de dinheiro como o Tio Patinhas. Mas, quando a gente não consegue distinguir nossa verdadeira riqueza da riqueza que acha que devia ter é que acaba se subestimando. Por exemplo: você até pode ter menos dinheiro do que a Lady Gaga. Mas que tal se comparar com alguém que vive bem abaixo da linha da pobreza? O contexto faz diferença.

Se você tem medo de investir nas suas paixões por causa da própria escassez (vulgo conta negativa no banco – já passei por isso), pense na abundância que você realmente tem. Que pode ser de coragem, bom coração, talento e paixão. No fim das contas, é esse tipo de riqueza que vale mais quando a gente manifesta a nossa perspectiva em um projeto.

EXEMPLOS DE ABUNDÂNCIA

- ⚡ Amor
- ⚡ Saúde
- ⚡ Felicidade
- ⚡ Paz
- ⚡ Autoconfiança
- ⚡ Dinheiro
- ⚡ Inteligência
- ⚡ Inteligência emocional
- ⚡ Liberdade

Dê uma repaginada na sua mentalidade financeira

Para transformar a mentalidade de escassez em mentalidade de abundância, precisamos reconhecer os hábitos financeiros prejudiciais que nos impedem de desabrochar.

IDEIAS PARA MELHORAR A SUA MENTALIDADE FINANCEIRA

Trace um plano. Fazer um orçamento permite planejar o futuro, prever necessidades e evitar gastos excessivos.

Pare de gastar movida pela emoção. Em vez de procurar alegria em objetos novos, encontre a felicidade em alguma atividade de autocuidado, como tomar um banho, encontrar amigos(as) ou criar algo com as suas próprias mãos.

Não se compare. As finanças dos outros não são da sua conta, e vice-versa. Quando a gente adota a mentalidade de abundância, sabe que a riqueza dos outros não rouba nossas oportunidades, de jeito nenhum.

Comece aos poucos. Se você tem dificuldade de economizar ou de se ater ao orçamento, pense em começar aos poucos, tipo guardar um real por semana. Você não só vai ficar com uma graninha, mas também vai praticar o autocontrole, cumprindo as promessas que fez a si mesma.

A sua perspectiva vale mais do que um cheque

Depois que me tornei blogueira profissional, recebi um monte de *e-mails* e propostas de parceria com marcas que não tinham a ver comigo nem com a minha audiência e não estavam alinhadas com os meus valores. No começo, era muito difícil deixar passar essas oportunidades, até porque a minha família estava completamente sem grana. Mesmo assim, eu sabia que não queria pôr em risco quem eu era nem o que eu acreditava em troca de algumas centenas de dólares. Sai caro demais perder sua reputação ou a confiança que os outros têm em você, não vale a pena. Não pense pequeno. Se realmente quer desenvolver a sua paixão a longo prazo, assuma o compromisso de ser autêntica consigo mesma.

Abundância é ouro: bora garimpar

De acordo com Deepak Chopra, guru do bem-estar espiritual, existem exercícios para criar abundância.

Aqui vão dois exemplos de práticas para reconhecer a abundância:

1. **Autoimagem:** Ao começar o dia, pense em uma cor específica para fazer parte da sua vida. Ao longo do dia, preste bem atenção na miríade de modos que o universo tem de te mostrar essa cor. No fim do dia, anote a sua experiência. Alguma coisa te surpreendeu? Que padrões você percebeu?

2. **Dinheiro:** A visualização é uma técnica poderosa para gerar abundância, principalmente se você for uma "pessoa visual". Lembretes visíveis trazem motivação e ajudam a lembrar dos seus objetivos. Quando o Jim Carrey era um ator jovem e sem grana, fez um cheque para si mesmo, no valor de 10 milhões de dólares, por "serviços de atuação". Guardou esse cheque na carteira por cinco anos, até descobrir que ia ganhar 10 milhões pelo filme *Debi e Lóide*. Experimente esse exercício: faça um cheque para si mesma. Inclua modos específicos e mensuráveis de merecer esse pagamento. Deixe para trás pensamentos negativos e limitantes. Coloque esse lembrete visual em um lugar que você veja todos os dias.

HORA DO PAPO RETO COM O DINHEIRO

Quando você souber exatamente de quanto dinheiro precisa para realizar seu sonho, as chances de se sentir menos estressada em relação a isso são grandes. O infinito é muito mais intimidador do que números concretos. Então, tire um tempinho para se planejar, em vez de deixar a imaginação correr solta.

Você se sente confiante em relação à sua mentalidade financeira? Em que áreas teria oportunidades de crescer?

_____
_____
_____

O que "abundância" significa para você?

_____
_____
_____

Você precisa de recursos financeiros para atingir o seu objetivo? Se sim, como você pretende ganhar ou economizar esse dinheiro?

_____
_____
_____

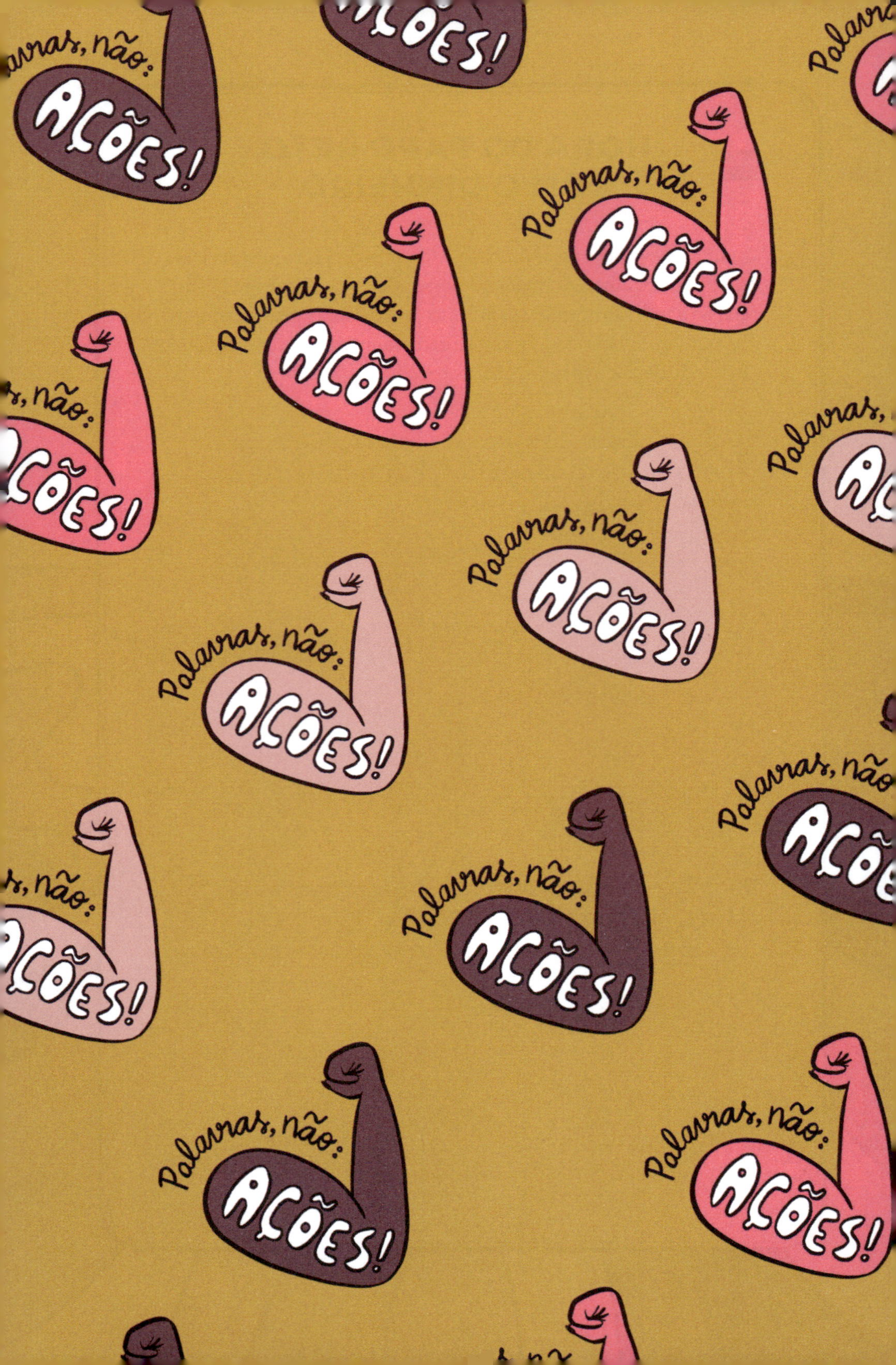
Palavras, não:
AÇÕES!

CAPÍTULO 14

Uma ação vale mais do que mil palavras

> "Espero que, no futuro, minhas ações falem mais alto do que as minhas *hashtags*!"
>
> Louise Linton, atriz

> **Papo furado** (*substantivo*) Conversa (normalmente fútil) que não tem nada a ver com o verdadeiro assunto ou propósito da conversa
>
> **Hater** (*substantivo*) Pessoa que odeia muito uma coisa ou outra pessoa específica. Pessoa muito crítica ou negativa que, provavelmente, só está projetando a própria insegurança ou mentalidade de escassez/fatalista nos outros
>
> **Troll** (*substantivo*) Gente idiota e entediada pra caramba que fica arrumando briga *on-line* ou fala umas merdas bem loucas para chamar atenção ou ter aprovação dos outros *on-line*. Covardes que perseguem, criticam, intimidam, insultam ou mentem (para os outros ou sobre os outros) como forma de se distrair do ódio que sentem de si mesmos

A gente pode ficar falando dos nossos objetivos até passar mal. Mas, se não se mexer para alcançar esses objetivos, ficar falando é uma coisa inútil, na real. Já me perguntaram como tenho tempo para fazer tudo o que faço. A verdade é que eu não tenho – eu arrumo tempo. Outros já me perguntaram como consegui começar meu *podcast*. Sendo bem sincera, eu simplesmente comecei. Nenhum elfo mágico, que está esperando na floresta, vai aparecer e te convocar, tocando o sininho porque "agora é hora". Ou você faz ou você não faz.

Somos humanas, imprevistos acontecem, e é importante mudar e ser flexível. Tem dias em que a vida simplesmente te atropela e, apesar dos nossos esforços, a gente não consegue fazer o que tinha planejado para aquele dia. Isso é bem diferente de arranjar tempo para fazer algo e sair andando porque você sente que "não está a fim e pronto". Nem sempre os sentimentos devem ditar as suas ações. Tem horas que você precisa engolir o cansaço e voltar ao trabalho. Vou dizer de novo: não é uma questão de perfeição, mas de evolução. As nossas ações são a expressão das prioridades que estabelecemos.

O papo furado dos outros também não significa nada se as ações dessas pessoas não corresponderem às suas opiniões. Ontem à noite, li a seguinte frase (anônima): "Pare de pedir para quem é cego confirmar o que você está vendo". É a mais pura verdade. É muito importante proteger a sua visão das coisas e ignorar as opiniões de quem nunca fez esse tipo de trabalho na vida.

Ignore os *haters* e os *trolls*

À medida que você for arrasando nos objetivos, vai se deparar com *haters* e *trolls*. Principalmente se tem planos de compartilhar a sua arte e ou as suas conquistas *on-line*. Como sou uma viciada em agradar todo mundo em recuperação, ter *haters* e *trolls* foi uma oportunidade de crescimento para mim. Apesar de ter fortes habilidades criativas e de confiar na minha perspectiva, tendo a duvidar de mim mesma quando os outros duvidam.

Quando começaram a aparecer aquelas avaliações negativas do meu *podcast*, isso me distraiu tanto do trabalho, me fez ficar tão atolada nas emoções, que perdi muito tempo me preocupando com a opinião de pessoas aleatórias com *usernames* horrorosos. Comecei a duvidar de mim mesma, da minha arte, da minha visão. Ainda bem que, incentivada pelas pessoas que eu amo e algumas palestras do TED, consegui me dar conta de que tentar agradar todo mundo não dá certo. Quando a gente tenta fazer isso, só consegue turvar a própria visão e dissipar energia – e são essas duas coisas, justamente, que precisamos ter para alcançar o sucesso. Faço de tudo para evitar a negatividade. Isso não significa que não tenho interesse em melhorar as minhas habilidades ou em crescer: só significa que sou seletiva quando o assunto são as pessoas em que confio para me ajudar a fazer isso.

Você não pode obrigar todo mundo a te amar (pode acreditar, eu tentei)

Quando a gente é diferente, às vezes não consegue enxergar as milhões de pessoas que nos aceitam como somos. Só notamos a única pessoa que não aceita.
Jodi Picoult, no livro **Em troca de um coração**

Pela minha experiência, a melhor maneira de lidar com os *haters* e os *trolls* é se distanciar deles e ignorá-los o máximo possível. O seu projeto tem força, e a sua lista de tarefas é muito comprida para você perder tempo com as opiniões de quem não te entende. Quando acreditamos no nosso valor e não dependemos da opinião dos outros, ficamos alinhadas com a nossa perspectiva e atraímos quem se identifica com a nossa arte.

As redes sociais são que nem aquele seu ex imbecil que você terminou e voltou, terminou e voltou, terminou e voltou

Afff, as redes sociais. Onde as pessoas literalmente julgam as outras e brigam por qualquer coisa.

Com as festas de aniversário do Pinterest e as modelos de fio-dental e filtro rosa do Instagram, não é de se espantar que as redes sociais sejam um terreno fértil para o narcisismo e a insegurança. Só de pensar nos comentários que as pessoas deixam no Facebook e no YouTube já suo frio na virilha.

Não me entenda mal: eu amo a internet e preciso dela. Mas tem horas em que a internet é uma merda. As redes sociais são ótimas para manter contato com os amigos e a família, para buscar inspiração e fazer *networking*. A internet é uma exigência na maioria das faculdades e das empresas hoje em dia. Então como a gente pode entrar na rede sem que ela ferre com a nossa cabeça?

COMO MANDAR BEM NA INTERNET

- Deixe de seguir perfis que te fazem sentir uma merda.
- Não fique brigando com desconhecidos – nem com ninguém, se puder evitar.
- Não alimente os *trolls*.
- Estabeleça um limite de tempo para ficar *on-line*.
- Bloqueie sociopatas e amigos-e-rivais (todos).
- Compartilhe o que você acha certo compartilhar.
- Incentive os outros – faça um amigo feliz postando um comentário ou mandando uma mensagem de incentivo.
- Seja autêntica e leal aos valores da sua vida real.
- Use os seus privilégios e o seu espaço para ajudar quem é silenciado.
- Defenda aquilo que você acredita.
- Lembre que as redes sociais são um conjunto de momentos de destaque.
- Não perca seu precioso tempo *stalkeando* ex ou pessoas que te magoaram.
- Siga perfis que te fazem sentir bem, quentinha por dentro. No meu caso, são os de bebês, cachorrinhos e filhotinhos de porco.
- Não julgue os outros logo de cara.
- Reserve as suas críticas para assuntos que não vão magoar ninguém.
- Seja gentil quando for trazer verdades.

Seja seletiva com a sua turma

Descobri quem são meus "verdadeiros amigos" nos pontos mais baixos e mais altos da minha vida. É importante filtrar os comentários de quem tem acesso à sua vida *on-line*, mas é mais importante fazer isso com os amigos da vida real. À medida que você for desabrochado e se tornando a melhor versão de si mesma, pode se surpreender ao perceber que certas pessoas não vão ficar muito felizes de te ver bem. E isso tem mais a ver com o que elas já viveram com ou o fato de terem uma mentalidade de escassez do que com você.

A Sara e a Alissa (que participaram da primeira temporada de *Something was wrong*) são as amigas mais apoiadoras, encorajadoras e prestativas que alguém poderia ter. Ter essas duas torcendo por mim (e puxando a minha orelha quando eu estava surtando por qualquer merda) não tem preço. Quando eu duvidava de mim mesma, elas diziam: "Gata, você consegue". Quando alguma coisa incrível acontecia, as duas comemoravam comigo. Sou eternamente grata. Se você tem a sorte de ter Saras e Alissas na sua vida, não esqueça de retribuir quando chegar a vez delas de brilhar.

VÁ FAZER ALGUMA COISA LEGAL

Como a gente focou este capítulo no poder das ações, em vez de te pedir para escrever, vou te incentivar a tirar cinco minutos para terminar alguma coisa que você anda adiando. É incrível o quanto a gente consegue fazer em cinco minutos quando está absolutamente focada nesta tarefa.

E agora, o quanto você se ama?

> "Não dá para a gente ser aquela criança que fica parada lá em cima do tobogã, só pensando. A gente tem que se jogar."
>
> Tina Fey, comediante e escritora

> **Amor-próprio** (*substantivo*) Amor que a gente tem por si mesma
>
> **Narcisismo** (*substantivo*) 1. Convicção de que as próprias necessidades, ideias, crenças ou os próprios sentimentos são mais importantes do que os dos outros. Egoísmo. 2. Excesso de paixão cega por si mesma

Assim como existe uma grande diferença entre autoconfiança e ego, existe uma diferença enorme entre se amar e ser narcisista. O narcisismo é fútil e egoísta. O amor-próprio, pelo contrário, implica bondade e apoio.

Quando trabalhei como produtora de moda para uma marca importante, tinha um assunto que sempre surgia nas conversas com as minhas colegas mulheres: o fato de a gente ter sido criada para achar ruim falar bem de nós mesmas e das nossas conquistas. O consenso geral era de que nos fizeram acreditar que nunca devemos dar a impressão de que somos orgulhosas ou convencidas. Não que eu ache que os homens não tenham lá suas dificuldades com a autoimagem. É que a sociedade não tentou, historicamente, silenciar a igualdade deles desde o início dos tempos. Quem lucra com as mulheres se sentindo inferiores e tendo o seu sucesso silenciado? Com certeza, não são as mulheres.

Estou criando a minha filha para que ela seja capaz de reconhecer as suas conquistas e acredito, de verdade, que o melhor jeito de ensinar isso para ela é dando o exemplo. Em vez de só elogiar a sua aparência, destaco a sua inteligência, coragem, determinação, bondade, o seu crescimento etc. A minha filha escuta como falo com ela e comigo mesma. É por isso que tomo o cuidado de falar comigo mesma do mesmo jeito que quero que a minha filha fale consigo mesma.

Seja a sua própria alma gêmea e presidenta do seu fã-clube.

Deixe que as pessoas que te apoiam te amarem também

Sendo uma ariana terrivelmente independente, tenho muita dificuldade de pedir ajuda para os outros (para pessoas fora do meu núcleo familiar). Isso é fruto do meu lado viciada em agradar todo mundo em recuperação, que não quer incomodar ninguém. O meu ego não gosta de admitir que não consigo fazer algo sozinha porque, às vezes, isso me faz sentir como se não tivesse a inteligência nem as qualidades necessárias para encarar o desafio.

Aprender a aceitar a ajuda e o apoio dos outros tem sido muito gratificante para mim. Isso não necessariamente se traduz em grandes gestos: são coisinhas, como pedir a opinião de alguém sobre um projeto. Ou pedir para o meu companheiro assumir mais responsabilidades em relação aos nossos filhos porque preciso dedicar mais tempo ao meu trabalho.

Pessoas determinadas são capazes de segurar muita onda – às vezes, ao ponto de se prejudicar. É comum a gente achar que precisa cuidar de todo mundo que está à nossa volta. Isso é uma coisa incrível. Mas, de vez em quando, também precisamos deixar aqueles que amamos cuidarem da gente.

Aceitar ajuda não vai só melhorar a qualidade do seu trabalho em geral, vai te ajudar a não se transformar em um pesadelo ambulante que tenta fazer tudo ao mesmo tempo. Pessoas inteligentes fazem perguntas, e pessoas fortes pedem ajuda.

Elogios são uma demonstração de amor – não seja idiota

Até mais ou menos entrar na faculdade, eu tinha muita dificuldade de receber elogios, sério. Porque, durante a minha criação, não recebi muitos – muito menos pela minha aparência. Quando me elogiavam, eu ficava constrangida e fazia uma piadinha autodepreciativa.

Mulheres têm a força

Um dia, depois de um desses momentos constrangedores, a mulher que me elogiou percebeu que fiquei incomodada. Com muita empatia, ela me explicou que também já teve dificuldade de aceitar qualquer tipo de gesto de admiração dos outros. E aí, um dia, ouviu dizer que, quando alguém faz um elogio, é uma maneira de te dar um presente. Quando a gente rejeita um elogio ou age como se não quisesse ser elogiada, é a mesma coisa que torcer o nariz para um presente atencioso que um(a) amigo(a) está tentando nos dar.

Depois desse momento de iluminação, comecei a simplesmente dizer "obrigada" quando alguém me elogia. E isso, por mais simples que seja, foi difícil para mim, durante anos. No começo, era um custo não responder de forma sarcástica ou autodepreciativa. Mas, com o treino, foi ficando mais fácil. Dez anos depois, não tenho a menor dificuldade para aceitar elogios – a menos que sejam insultos disfarçados, óbvio. Ninguém merece.

ALGUNS JEITOS SIMPLES DE ACEITAR O AMOR DOS OUTROS

- ⚡ Quando alguém oferecer ajuda, aceite e abra mão de ter controle sobre tudo.
- ⚡ Responda elogios e demonstrações de amor com um "obrigada".
- ⚡ Peça opiniões e conselhos. Ouça.
- ⚡ Quando alguém perguntar se você precisa de alguma coisa, seja sincera.
- ⚡ Peça mais tempo para entregar um projeto ou remarque um compromisso social quando estiver atolada de coisas.

• E agora, o quanto você se ama? •

Ame o seu sucesso

Assim como lutei contra a dificuldade de aceitar elogios, agora estou aprendendo a jamais pedir desculpas pelo meu sucesso. Normalmente, é mais fácil para mim comemorar as minhas vitórias por escrito ou nas redes sociais. Mas já evitei falar do meu trabalho com os outros cara a cara. Verão passado, eu estava no casamento de uma amiga (parabéns de novo, Julia!), e a Rachelle, uma amiga em comum maravilhosa, estava contando para algumas pessoas, durante o coquetel, que o meu *podcast* estava indo muito bem. Não sei por que, mas fiquei tão constrangida que até senti minha rosácea explodir. Por um segundo, juro.

Ela percebeu que eu tinha ficado incomodada e, quando ficamos a sós, falou: "Tiffany! Por que você não está, tipo, comemorando o resultado do seu esforço? Você é tão reservada, nunca fala nada sobre isso!". E esse comentário acabou com outro bloqueio meu. Eu me dei conta de que fazia isso (mais uma vez) para evitar elogios ou para fazer os outros se sentirem melhor. Não queria que ninguém se sentisse mal ou achasse que eu era uma vaca metida. O negócio é o seguinte: não sou uma vaca metida, tenho que acreditar que as pessoas que me conhecem de verdade e me amam querem incentivar as minhas conquistas, assim como eu quero comemorar as delas.

Com tempo e prática, melhorei um pouquinho. Antes desse momento *eureka*, quando alguém elogiava o meu sucesso, eu dizia algo do tipo "Caramba, né? Não tenho a menor ideia de como isso foi acontecer!". Alerta de *spoiler*: eu sabia bem como isso tinha acontecido. Com incontáveis horas de muito trabalho. Essa coisa de me diminuir estava tão enraizada em mim que nunca aprendi a ter orgulho de mim mesma.

Eu me comprometi a abandonar esse hábito, do mesmo jeito que comecei a aceitar os elogios como se fossem presentes. Agora, quando alguém me fala que gosta da minha arte, o meu foco é agradecer pelo apoio e falar coisas como "Obrigada, estou muito orgulhosa" ou "Valeu, eu adorei fazer esse trabalho".

O meu sucesso não rouba o sucesso de ninguém. Logo, não tenho nenhum motivo para desprezar as minhas conquistas nem para me desprezar – e você também não.

Ame a jornada (mas de verdade)

Para implementar as coisas que você aprendeu neste livro, vai precisar de autocompaixão, resiliência e perseverança. A evolução nem sempre é linear, e é importante reconhecer que as coisas grandes levam um certo tempo para acontecer. Somos humanas: vamos errar, esquecer, falar o que não devemos e fazer grandes cagadas de vez em quando. Não deixe aquilo que você acha que são fracassos te impedir de evoluir de verdade.

Encare o seu plano de ação como uma aventura. Só porque é difícil não quer dizer que não possa ser divertido! Na verdade, se você não está curtindo a jornada, pare para pensar se, de repente, se não está perseguindo algo que não é a sua verdadeira paixão. Não tem problema nenhum dar meia-volta e mudar de ideia – só não pare de caminhar.

Eu me matei de tanto trabalhar (ainda bem que não foi literalmente) e curti pra caramba! Nos últimos anos, enfrentei tantos desafios para alcançar os meus objetivos... E ainda vou enfrentar tantos outros, que vou ter que dominar no futuro. Tudo valeu a pena. Mudou a minha vida e a de outras pessoas. Quando a gente se permite brilhar, ajudamos outras pessoas a brilhar também.

• E agora, o quanto você se ama? •

Ame a sua determinação

Antes de mais nada, o fato de você ter lido até aqui, para mim, já demonstra que você é incrível e está pronta para dar o próximo passo na direção da melhor versão de si mesma! Você já investiu no seu crescimento pessoal, e isso deve ser comemorado.

Ao seguir adiante, não esqueça de elogiar a sua evolução e de internalizar as suas conquistas. Pessoalmente, gosto de programar pequenas recompensas para mim mesma como um jeito de me motivar e reconhecer o meu trabalho. Às vezes, é algo simples, como tomar um banho relaxante depois de passar um longo dia editando. Não espere os outros comemorarem as suas conquistas: seja a sua própria claque. E pode gritar pra todo mundo ouvir.

HORA DO ENCERRAMENTO

Lá no capítulo 1, eu te perguntei "Quais são os ingredientes que fazem de você uma pessoa forte?". Agora que terminou o livro, mudaria alguma coisa naquela receita?

_____
_____
_____
_____
_____

Cite algumas coisas que este livro te ajudou a perceber a respeito de si mesma:

_____
_____
_____
_____
_____
_____

Que passo na direção da sua evolução você mal pode esperar para dar?

_____
_____
_____
_____
_____

Cite cinco coisas que já te deixam orgulhosa de si mesma (dica: terminar de ler esse livro já vale uma!):

_____
_____
_____
_____
_____

Trabalhada na **HUMILDADE**

Glossário

abundância – Ter mais do que o necessário de um sentimento, objetos, riquezas ou atitudes

alma gêmea – Ser perfeito e sem defeitos no quesito relacionamento com uma determinada pessoa

amor-próprio – Amor que a gente tem por si mesma

ansiedade – 1. Sensação de inquietação na mente. Dúvidas e negatividade descontroladas, frutos do medo, que distraem a gente

autocompaixão – 1. Perdão ou empatia por a nós mesmas. 2. Aceitar nossas imperfeições com amor

autoconfiança – Acreditar totalmente em nós mesmas e em nossas habilidades. Aceitar nossa natureza humana imperfeita e nos amar mesmo assim

autocuidado – Cuidado que temos com nós mesmas, sem ajuda dos outros. Dar prioridade às nossas necessidades

autodiálogo – Linguagem que empregamos e maneira que temos de falar com nós mesmas

autoimagem – Modo como nos vemos. Ideias que temos a respeito de quem somos

autopercepção – Como você se enxerga e vê o impacto que causa no mundo. Autoconsciência

comprometer-se – Prometer realizar uma ação

consciente – Coisas que pensamos neste exato momento. A parte do nosso cérebro que usamos no agora – com ajuda dos nossos parças, os cinco sentidos

depressão – Sensação de vazio que, às vezes, suga nossa alma e dá a sensação de que estamos mortas por dentro. Sentimentos prolongados de tristeza que dão vontade de não viver, de se isolar na cama e ficar só assistindo TV sem pensar em nada e mandando ver nos biscoitos, sem parar

desconforto – Falta de conforto, não se sentir à vontade. Por exemplo: a sensação que eu tenho quando cago em banheiros públicos

ego – Autoestima ou arrogância. O nível de importância que damos a nós mesmas

egotista – Convencido, pretensioso, autocentrado, irritante pra caramba

energia – 1. Carga emocional ou vibrações que seres humanos ou ambientes irradiam 2. Quantidade de "foda-ses" necessários para terminar tarefas mentais, emocionais ou físicas

equilíbrio – Igualdade ou equivalência de pesos, medidas, períodos ou emoções

escassez – Falta ou estoque reduzido de algo. Insuficiência ou inconstância

fé – Ato de acreditar e confiar incondicionalmente em algo ou alguém

fingir até conseguir – Expressão do inglês que foi popularizada em português em livros de autoajuda. Implica que, se fingirmos ter competência, autoconfiança e uma mentalidade de crescimento otimista, podemos conquistar os resultados que desejamos com tempo, experiência e prática

fracasso – Resultado que consideramos malsucedido, sem propósito ou que não nos traz crescimento

gaslighting – Forma de abuso psicológico em que o abusador tenta convencer a vítima de que ela está delirando ou é louca, usando estratégias como negar a realidade dos fatos

gatilho – Pessoas, palavras, imagens, sons, situações ou qualquer outra coisa que te faça reviver instantaneamente um trauma

• Glossário •

generosidade – Ato ou ideal de ser altruísta, caridosa, atenciosa, ter o coração grande, acolhedor, não ser egoísta

gratidão – Arte de ser grata por tudo o que você já tem na vida. Alegrar-se pelas bênçãos recebidas e demonstrar que realmente fica agradecida por elas

hábito – Padrão de escolhas que fazemos conscientemente e inconscientemente ao longo da vida

hater – Pessoa que odeia muito uma coisa ou outra pessoa específica. Pessoa muito crítica ou negativa que, provavelmente, só está projetando a própria insegurança ou mentalidade de escassez/fatalista nos outros

imagem corporal – Modo como enxergamos nosso próprio corpo e como nos sentimos em relação a ele

inconsciente – *Hard drive* do nosso cérebro. Onde armazenamos todas as nossas lembranças e mais um monte de merda

meditar – Concentrar a atenção no seu interior, pensar profundamente

medo – Emoção (real ou imaginária) perturbadora de pavor, perigo iminente, segurança comprometida, ameaças de dor, ferimento ou morte em potencial

mentalidade – Atitude com a qual pensamos a respeito de nós mesmas, das outras pessoas e das situações que nos cercam

mentalidade de abundância – Ideologia de acordo com a qual existem sucesso, amor e oportunidades suficientes para todo mundo

mentalidade de crescimento – Acreditar que as habilidades de qualquer pessoa podem se desenvolver com comprometimento e muito esforço

mentalidade de escassez – Crença na ideia de que, se alguém tiver alguma coisa, não vai ter para os outros

• Glossário •

mentalidade fatalista – Ter uma visão limitada pra caramba. Ser uma vaca inflexível. Acreditar que nossas capacidades são características imutáveis e que o "talento natural" ou os acontecimentos do passado, fatalmente, vão ditar o que vai acontecer no nosso futuro

mentalidade financeira – 1. Postura em relação às próprias finanças e habilidades financeiras 2. Influência exercida na tomada de decisões financeiras fundamentais

mindfulness – Pode ser traduzido como "atenção plena". Estado de consciência que permite viver o presente no momento em que ele ocorre. Focar a atenção no que está acontecendo aqui e agora

mudança – Sensação ou descrição de algo novo, desconhecido e/ou em desenvolvimento. Algo diferente da sua forma original

narcisismo – 1. Convicção de que as próprias necessidades, ideias, crenças ou os próprios sentimentos são mais importantes do que os dos outros. Egoísmo. 2. Excesso de paixão cega por si mesma

objetivos SMART – SMART é um acrônimo que, em inglês, significa "inteligente". Na língua original, é formado pelas expressões e**s**pecífico, **m**ensurável, **a**lcançável, **r**elevante e delimitado em um recorte de **t**empo. É uma técnica que vem da administração de empresas. Um objetivo SMART incorpora todos esses critérios e ajuda a concentrar os seus esforços e melhorar suas chances de alcançar esse objetivo

paixão – Aquilo que nos dá vontade de levantar da cama em um domingo chuvoso. Entusiasmo ou amor profundo por alguma coisa

papo furado – Conversa (normalmente fútil) que não tem nada a ver com o verdadeiro assunto ou propósito da conversa

perdoar – 1. Parar de guardar ressentimento em relação a alguém ou alguma coisa 2. Fazer as pazes com coisas pesadas para nos libertar

• Glossário •

perfeccionismo – Luta egotística para tentar convencer os outros e a nós mesmas que somos dignas de sermos aceitas e amadas: uma meta inatingível

plano de ação – Planejamento detalhado de todas as ações necessárias para alcançar um objetivo

ponto cego – Termo do jargão da administração de empresas que designa algo que é uma fraqueza porque não enxergamos ou temos dificuldade para entender

priorizar – Determinar o que é mais urgente e importante

procrastinação – 1. Deixar de fazer coisas importantes fazendo coisas muito desimportantes. 2. Adiar o início de um projeto ou evento que é importante para nós, normalmente porque temos medo de ser imperfeitas

propósito – 1. Motivo pelo qual existimos 2. Motivação para conseguir o resultado desejado 3. Bravura, determinação, resolução, tenacidade

prostração – Sensação de mesmice, tédio, inquietude, não sair do lugar, falta de inspiração

realidade – Estado ou qualidade de ser real, *hashtag* autêntico. Fatos. Boletos. As merdas que realmente acontecem

ressentimento – Desprazer, tristeza ou raiva que sentimos por causa de uma atitude, comentário ou pessoa que acreditamos ter nos ofendido ou magoado

riqueza – 1. Excesso de dinheiro ou coisas valiosas 2. Abundância de qualquer coisa

saúde mental – 1. Bem-estar psicológico, nossa saúde e força nesse sentido. A qualidade com que encaramos a vida e todas as merdas que acontecem 2. Área da psicologia e da medicina que estuda como lidamos com a vida

sinal – 1. Qualquer lugar, pessoa, coisa, ação, evento ou padrão que, na nossa interpretação, tem um significado que vai além do originalmente previsto 2. Indicação, pista ou indício que aparece na vida e nos passa a sensação de que tem um significado a mais

sucesso – 1. Resultado desejado dos nossos esforços 2. Alcançar os objetivos esperados

troll – Gente idiota e entediada pra caramba que fica arrumando briga *on-line* ou fala umas merdas bem loucas para chamar atenção ou ter aprovação dos outros *on-line*. Covardes que perseguem, criticam, intimidam, insultam ou mentem (para os outros ou sobre os outros) como forma de se distrair do ódio que sentem de si mesmos

valores – Crenças fundamentais, que compreendem quem somos e o que é importante para nós. Coisas nas quais acreditamos profundamente e consideramos importantes na nossa vida

vergonha – Humilhação e/ou ansiedade e/ou tristeza que aparece quando temos a sensação de que estamos erradas, somos bobas, imperfeitas etc.

vibração – Tom emocional, impacto, condição do ser, atmosfera. Energia que transmitimos para as pessoas à nossa volta. Vulgo *vibe*

vulnerabilidade – Ato de se abrir para os outros e expor o seu verdadeiro eu e aquilo que você acredita, mesmo correndo o risco de essas pessoas te julgarem ou magoarem

Dúvidas e desculpas? Acolha-se e liberte-se

Conheça também

Central de Atendimento à Mulher – Ligue 180
O serviço para denúncia de abuso de violência contra a mulher funciona 24 horas por dia, todos os dias da semana, em todo território nacional. As ligações são anônimas e gratuitas.

Centro de Valorização da Vida – CVV
188
cvv.org.br
Atendimento gratuito de apoio emocional e prevenção ao suicídio por telefone, *chat* ou *e-mail*.

Querida ansiedade
Sim, é um aplicativo de ansiedade. Mas, além disso, também tem ajuda a encontrar profissionais que podem atender a distância. Disponível para Android e iOS.

Associação Brasileira de Distúrbios Alimentares – Astral
astralbr.org
A ONG disponibiliza em seu *site* diversos materiais gratuitos em PDF sobre transtornos alimentares e imagem corporal positiva.

Referências

BROCKWAY, Laurie Sue. "11 Inspiring Quotes about Self-Love" [11 frases inspiradoras sobre amor-próprio]. *Huffington Post*. 24 de maio de 2014.

CHERRY, Kendra. "The Role of the Conscious Mind" [O papel da mente consciente]. *Very Well Mind*. 29 de setembro de 2019.

CHOPRA, Deepak. "6 Steps for Creating Spiritual Abundance" [6 passos para criar abundância espiritual]. *The Chopra Center*. Disponível em: <https://chopra.com/articles/6-steps-for-creating-abundance>. Acesso em: 25 de novembro de 2020.

CLÍNICA MAYO. "Depression (Major Depressive Disorder)" [Depressão (Transtorno depressivo maior)]. Disponível em: <https://www.mayoclinic.org/diseases-conditions/depression/symptoms-causes/syc-20356007>. Acesso em 18 de dezembro de 2019.

COVEY, Stephen. *The 7 Habits of Highly Effective People*. Free Press, 1989. [Edição brasileira: *Os 7 hábitos das pessoas altamente eficazes*. Rio de Janeiro: Franklin Covey/BestSeller, 2005]

DUANE, Diane. *So You Want to Be a Wizard* [Então você quer ser mago]. Harcourt Children's Books, 1996.

ECONOMY, Peter. "17 Growth Mindset Quotes That Will Inspire Your Success and Happiness" [17 frases de mentalidade de crescimento que vão inspirar seu sucesso e sua felicidade]. *Inc*. 6 de setembro de 2018.

_____ "26 Brilliant Quotes on the Super Power of Words" [26 frases brilhantes sobre o superpoder das palavras]. *Inc*. 5 de novembro de 2015.

ELKELES, Simone. *How to Ruin a Summer Vacation* [Como estragar as férias de verão]. Flux, 2006.

HOLMES, Lindsay. "6 Times Michelle Obama Stood Up for Mental Health" [6 vezes em que Michelle Obama se pronunciou pela a saúde mental]. *Huffington Post*. 14 de novembro de 2016.

INSTITUTO DE PSICOLOGIA POSITIVA. "What Is Positive Psychology?" [O que é psicologia positiva?]. Acesso em 18 de dezembro de 2019.

JACOBS, Leanne. *Beautiful Money* [Lindo dinheirinho]. Penguin/Random House, 2017.

KASSEM, Suzy. *Rise Up and Salute the Sun* [Levante e faça uma saudação ao sol]. Awakened Press, 2011.

KAUR, Rupi. *Milk and Honey*. Andrews McMeel Publishing, 2015. [Edição brasileira: *Outros jeitos de usar a boca*. São Paulo: Planeta, 2017]

• Referências •

KERPEN, Dave. "15 Inspiring Quotes on Passion (Get Back to What You Love)" [15 frases inspiradoras sobre paixão (volte para aquilo que você ama)]. *Inc.* 27 de março de 2014.

KROSS, Ethan. "Self-Talk as a Regulatory Mechanism: How You Do It Matters" [Autodiálogo como mecanismo de regulação: como você pratica faz diferença] *Jornal de Psicologia Social e da Personalidade.* 106, no. 2 (2014): 304-24.

LEADEM, Rose. "12 Leaders, Entrepreneurs and Celebrities Who Have Struggled with Imposter Syndrome" [12 líderes, empreendedores e celebridades que lutaram contra a síndrome do impostor]. *Entrepreneur.* 8 de novembro de 2017.

LORDE, Audre. *A Burst of Light: And Other Essays.* Firebrand Books, 1988. [Edição brasileira: *Sou sua irmã.* São Paulo: Ubu Editora, 2020.]

MCKELLE, Erin. "20 Body Image Quotes for Your Next Bad Day, Because Your Body Isn't the Problem" [20 frases sobre imagem corporal para quando você tiver um dia ruim, porque seu corpo não é o problema]. *Bustle.* 15 de junho de 2015.

MEDRUT, Flavia. "25 Brené Brown Quotes on Courage, Vulnerability, and Shame" [25 frases de Brené Brown sobre coragem, vulnerabilidade e vergonha]. *Goalcast.* 19 de junho 2019.

MORIN, Amy. "7 Scientifically Proven Benefits of Gratitude" [7 benefícios cientificamente comprovados da gratidão]. *Psychology Today.* 3 de abril de 2015.

NEFF, Kristin. *Self-Compassion: Stop Beating Yourself Up and Leave Insecurity Behind.* William Morrow & Company, 2011. [Edição brasileira: *Autocompaixão*: pare de se torturar e deixe a insegurança para trás. Teresópolis (RJ): Lúcida Letra, 2018.]

OBSERVATÓRIO DE SAÚDE DA MULHER - UNIVERSIDADE DE HARVARD. "The Health Benefits of Strong Relationships" [Os benefícios para a saúde trazidos pelos relacionamentos fortes]. 6 de agosto de 2019.

O'KEEFE, Paul A., DWECK, Carol S. e WALTON, Gregory M. "Implicit Theories of Interest: Finding Your Passion or Developing It?" [Teorias implícitas do interesse: descobrir sua paixão e desenvolvê-la?]. *Ciência Psicológica.* 29, no. 10 (Setembro de 2018): 1653-64.

PICAULT, Jodi. *Change of Heart.* Simon & Schuster, 2008. [Edição portuguesa: *Em troca de um coração.* Porto: Livraria Civilização Editora, 2008]

PINKER, Susan. "The Secret to Living Longer May Be Your Social Life" [O segredo para uma vida longa pode estar na sua vida social]. Gravado em abril de 2017 em Toronto, Canadá. Palestra do TED, 15:55. Disponível em: <https://www.ted.com/talks/susan_pinker_the_secret_to_living_longer_may_be_your_social_life>. [Link para vídeo com legendas em português: <https://www.ted.com/talks/susan_pinker_the_secret_to_living_longer_may_be_your_social_life?language=pt-br>]. Acesso em: 25 de novembro de 2020.

POEHLER, Amy. *Yes Please* [Sim, por favor]. Dey Street Books, 2015.

RANDOM HOUSE. *Random House Unabridged Dictionary of American English* [Dicionário Random House completo do inglês norte-americano]. Random House, 2019.

RIGGAN, William. *Picaros, Madmen, Naifs, and Clowns: The Unreliable First-Person Narrator* [Pícaros, loucos, ingênuos e palhaços: o nada confiável narrador em primeira pessoa]. University of Oklahoma Press, 1982.

SAKULKU, Jaruwan, e ALEXANDER, James. "The Impostor Phenomenon" [O fenômeno do impostor]. *Jornal Internacional de Ciências Comportamentais*. 6, no. 1 (2011): 73-92.

SELIGMAN, Martin E. P. e CSIKSZENTMIHALYI, Mihaly. "Positive Psychology: An Introduction" [Psicologia positiva: uma introdução]. *Psicólogo Americano*. 55, no. 1 (2000): 5–14.

SELIGMAN, Martin E. P. *Florescer*: uma nova compreensão da felicidade e do bem-estar. São Paulo: Objetiva, 2011.

_____. *Felicidade autêntica*: use a psicologia positiva para alcançar todo o seu potencial. São Paulo: Objetiva, 2019.

_____. *Aprenda a ser otimista*: como mudar sua mente e sua vida. São Paulo: Objetiva, 2019.

SHINN, Florence Scovel. *The Complete Works of Florence Scovel Shinn* [Obras completas de Florence Scovel Shinn]. Dover Publications, 2010.

STEELE, Claude M. "The Psychology of Self-Affirmation: Sustaining the Integrity of the Self"[A psicologia da autoafirmação: sustentando a integridade do eu]. *Avanços em Psicologia Social Experimental*. 21 (1988): 261–302.

SWEATT, Lydia. "19 Motivational Quotes to Help You Get Sh*t Done" [19 frases motivacionais que vão te ajudar a resolver essas m*rdas]. *Success*. 2 de março de 2017.

TAIBBI, Robert. "How to Break Bad Habits" [Como largar maus hábitos]. *Psychology Today*. 15 de dezembro de 2017.

TAYLOR, Jill Bolte. apud HEISLER, Melissa. "Why Stay Angry?" [Por que continuar com raiva?] *Inspire me today (blog)*. 23 de julho de 2014. Disponível em: https://inspiremetoday.com/blog/stay-angry

WEIR, Kirsten. "Feel Like a Fraud?" [Está se sentindo uma fraude?]. *GradPSYCH Magazine*. 11, no. 4 (Novembro de 2013): 24.

WINFREY, Oprah. *What I Know for Sure*. Flatiron Books, 2014. [Edição brasileira: *O que eu sei de verdade*. Rio de Janeiro: Sextante, 2014]

Índice remissivo

A
Abundância, 142-147
Abuso, 68-74
Alder, Shannon L., 81
Alma gêmea, 68
Amigos, 153-154
Amor-próprio, 68-74, 158
Angelou, Maya, 17, 127
Ansiedade, 108
Apoio dos outros, 159
Autoconfiança, 15, 18, 25-26, 84-87
Autoconsciência, 48
Autocompaixão, 90, 96
Autocuidado, 32, 34, 85
Autodiálogo, 32-33, 38-39
Autoimagem, 32, 145
Autopercepção, 48

B
Ball, Lucille, 31
Beyoncé, 136
Brown, Brené, 26, 48, 93

C
C., C. JoyBell, 47
Centro de Valorização da Vida, 43, 174
Chopra, Deepak, 145
Clinton, Hillary, 91
Comparação, 28, 52
Comprometer-se, 128
Consciente, 12
Controle, 50-51
Covey, Stephen, 59
Crítico interior, 32-33, 38-39
Cuidado alto lá, 110-111

D
DeGeneres, Ellen, 75
Depressão, 42-44
Desconforto, 130
Duane, Diane, 57
Dweck, Carol, 27

E
Eadie, Betty, 15
Ego, 18, 24-25, 29, 101
Egotismo, 18
Elkeles, Simone, 51
Elogios, 159-160
Energia, 74-75
Equilíbrio, 137
Eriksson, Charlotte, 35
Escaneamento corporal, 37
Escassez, 142
Estresse, 102

F
Fracasso, 128
Fé, 58
Fey, Tina, 17, 157
Fingir até conseguir, 119-120
Finanças, 142-147
Frases afirmativas, 33
Freud, Sigmund, 12

G
Generosidade, 90
Graham, Ashley, 33
Gratidão, 61-62, 90

H
Hábitos, 118, 121-123
Haters, 150-152
Hodkin, Michelle, 13

I
Ideações suicidas, 43
Imagem corporal, 75-77, 79
Inconsciente, 12, 101
Internet, 152-154

J
Jacobs, Leanne, 64
Johnson, Debbie, 130

K
Kassem, Suzy, 74
Kaur, Rupi, 99

L

Lady Gaga, 143
Lamb, Karen, 107
Linton, Louise, 149
Lizzo, 67
Lorde, Audre, 34

M

Mecanismos de enfrentamento, 102
Meditação, 60-61
Medo, 108, 109-110
Mentalidade, 27-28
Mentalidade de abundância, 59-60
Mentalidade de crescimento, 27-28, 29, 39
Mentalidade de escassez, 59
Mentalidade fatalista, 27-28
Mentalidade financeira, 142-147
Mindfulness, 35-37
Mishra, Anamika, 117
Modelo PERMA, 92-93, 95
Mudança, 130

N

Narcisismo, 158
Narradores pouco confiáveis, 100
Neff, Kristin, 89
Negatividade, 15 *Ver também*: Imagem corporal, Positividade, Autodiálogo

O

Obama, Michelle, 42, 136
Objetivos, 128-129, 134-135
Objetivos SMART, 128-129, 134-135
O'Keefe, Paul, 113
Opinião, 51

P

Paixões, 78-79, 112-115, 125
Papo furado, 150-151
Parks, Rosa, 109
Parton, Dolly, 137
Perdão, 90-92, 96
Perfeccionismo, 25, 29
Picoult, Jodi, 152
Pinker, Susan, 95
Plano de ação, 131-133, 162
Poehler, Amy, 119
Positividade, 18, 92-93

Priorizar, 136-137, 138
Procrastinação, 108-109, 111, 115
Programação, 12-15
Progresso, 162-163
Propósito, 82-87
Prostração, 44-45

R

Raiva, 91-92
Realidade, 13-14
Redes sociais, 152-154
Ressentimento, 90-92
Riggan, William, 100
Riqueza, 142
Rotina, 102-105
RuPaul, 60

S

Sakulku, Jaruwan, 16
Saúde mental, 42-45
Síndrome do impostor, 16-17
Seligman, Martin E. P., 92-93
Shinn, Florence Scovel, 11
Shire, Warsan, 23
Sinal, 118
Sono, 102
Steele, Claude, 33
Sucesso, 128, 161-162

T

Taibbi, Robert, 121
Taylor, Jill Bolte, 92
Trolls, 150-152
Tubman, Harriet, 78
Tugaleva, Vironika, 25

V

Valores, 64-65, 145
Vanzant, Iyanla, 28
Vergonha, 26
Vibração, 74-75
Visualização, 120, 146
Vulnerabilidade, 48-50, 93-95

W

Williams, Serena, 17
Winfrey, Oprah, 61

Agradecimentos

OBRIGADA a todos que me ajudaram a transformar a dor em paixão: Michael, Jude, Ruby, Ozzy, Bobby, Ari, Alfie, Rufus, Papa, Lita, Nicole, Danny, MeMa Hope, Kelly Kae, Elaine Fischer, Sara Lewis, Alissa Doyle, Isaac Smith, Morgan Shanahan, Jill Krause, Darah Shawn, Lauren Jenkins, Julia Valdez, Amanda Rose Foto, Foda-ses, Trazer Verdades, Reeses, Negrons, Smiths, Greeleys, Allens, Doyles, Gordons, Lewises, Jetts, Gollings, Bellamys, Klimas, Barstows, ouvintes de *podcast*, leitores, *Mom2Summit*, *BuzzFeed*, *Audioboom*, *Stitch fam*, Zoloft, feminismo, 49ers, sanduíches de rosbife do Togo e *cheddar* no pão branco clássico sem alface, xampu seco, cafeína, THC, Dutch Bros, minha sobrancelha, terapia, Google Agenda, See's Candies, música, açúcar, *Seinfeld*, expressões expletivas e *haters*.